Schöningh

W0272933

EinFach Deutsch

Unterrichtsmodell

Martin Walser

Ein fliehendes Pferd

Erarbeitet von
Achim Sigge

Herausgegeben von
Johannes Diekhans

Inhaltsverzeichnis

Baustein 1: Die Gegensätzlichkeit der beiden männlichen Hauptfiguren

S. 12–19 im Modell

1.1	Helmut Halm	S. 9–18	Textarbeit
1.2	Klaus Buch	S. 19–26	Textarbeit, Tafelbild
1.3	Vergleich mit dem Drama	S. 9–26 Anfang des Dramas	Textarbeit, Schreibauftrag, darstellendes Spiel
1.4	Erinnerung	S. 19–38	Textarbeit
1.5	Halms fiktiver Brief an Klaus Buch	S. 37	Textarbeit, Schreibauftrag, Arbeitsblatt 1

Baustein 2: Sexualität

S. 20–25 im Modell

2.1	K. Buchs Einstellung zur Sexualität	ges. Buch bes. Kap. 4	Textarbeit, Schreibauftrag
2.2	H. Halms Einstellung zur Sexualität	S. 65 ff.	Textarbeit, Tafelbild, Unterrichtsgespräch
2.3	„Sex auf allen Kanälen“	Zusatztext	Arbeitsblatt 2

Baustein 3: Strukturelle Aspekte der Novelle

S. 26–34 im Modell

3.1	Ort und Zeit der Handlung	ges. Buch	Textarbeit, Strukturskizze
3.2	Erzählperspektive	z. B.: S. 17 Zusatztext	Textarbeit, Arbeitsblatt 3
3.3	Novellencharakter	Zusatztext, ges. Buch	Arbeitsblatt 4, Textarbeit

Baustein 4: Die Erzählhöhepunkte der Novelle

S. 35–40 im Modell

4.1	Das fliehende Pferd	S. 75–93	Schreibauftrag, Textarbeit, Tafelbild
4.2	Der Moment äußerster Bedrohung: die Segelpartie	S. 105–123	Textarbeit, Schreibauftrag, darstellendes Spiel

Baustein 5: Die Frauenfiguren

S. 41–45 im Modell

5.1	Sabine Halm Lebensmitte	ges. Buch	Textarbeit, Tafelbild
5.2	Helene Buch	ges. Buch	Textarbeit, Tafelbild
5.3	Widerstand der Frauen gegen die Lebensentwürfe ihrer Männer	ges. Buch	Textarbeit, Tafelbild, Schreibauftrag, darstellendes Spiel

Baustein 6: Verhältnis von Individuum und Gesellschaft

S. 46–51 im Modell

6.1	Krise der Lebensmitte	ges. Buch, Zusatztext	Textarbeit, Arbeitsblatt 5
6.2	Das Individuum vor dem Hintergrund der Leistungs- und Konsumgesellschaft	ges. Buch, Zusatztext	Textarbeit, Tafelbild
6.3	Philosophische Aspekte	ges. Buch, Motto der Novelle	Textarbeit

Arbeitsfrage

Einzelarbeit

Partnerarbeit

Gruppenarbeit

Unterrichtsgespräch

Schreibauftrag

Szenisches Spiel

Mal- und Zeichenauftrag

Bastelauftrag

Projektorientierung, offenes Unterrichtsangebot

Vorwort

Der vorliegende Band ist Teil einer Reihe, die Lehrerinnen und Lehrern erprobte und an den Bedürfnissen der Schulpraxis orientierte Unterrichtsmodelle zu ausgewählten Ganzschriften und weiteren relevanten Themen des Faches Deutsch bietet.
Im Mittelpunkt der Modelle stehen Bausteine, die jeweils thematische Schwerpunkte mit entsprechenden Untergliederungen beinhalten.
In übersichtlich gestalteter Form erhält der Benutzer/die Benutzerin zunächst einen Überblick zu den im Modell ausführlich behandelten Bausteinen.

Es folgen:

- Hinweise zu den Handlungsträgern
- Zusammenfassung des Inhalts und der Handlungsstruktur
- Vorüberlegungen zum Einsatz des Buches im Unterricht
- Hinweise zur Konzeption des Modells
- Ausführliche Darstellung der einzelnen Bausteine
- Zusatzmaterialien

Ein besonderes Merkmal der Unterrichtsmodelle ist die Praxisorientierung. Enthalten sind kopierfähige Arbeitsblätter, Vorschläge für Klassen- und Kursarbeiten, Tafelbilder, konkrete Arbeitsaufträge, Projektvorschläge. Handlungsorientierte Methoden sind in gleicher Weise berücksichtigt wie eher traditionelle Verfahren der Texterschließung und -bearbeitung.
Das Bausteinprinzip ermöglicht es dabei den Benutzern, Unterrichtsreihen in unterschiedlicher Weise und mit unterschiedlichen thematischen Akzentuierungen zu konzipieren. Auf diese Weise erleichtern die Modelle die Unterrichtsvorbereitung und tragen zu einer Entlastung der Benutzer bei.

Das vorliegende Modell bezieht sich auf folgende Textausgabe: Martin Walser: Ein fliehendes Pferd. Suhrkamp Taschenbuch 600. © Suhrkamp Verlag, Frankfurt am Main 1978.

www.schoeningh-schulbuch.de
Schöningh Verlag, Jühenplatz 1–3, 33098 Paderborn

Druck 6 5 4 / Jahr 2011 10 09
Die letzte Zahl bezeichnet das Jahr dieses Druckes.

Umschlaggestaltung: Jennifer Kirchhof
Druck und Bindung: Friedrich Pustet, Regensburg

ISBN 3-14-022282-2

„Man trifft zuweilen auf Novellen, in denen bestimmte Personen entgegengesetzte Lebensanschauungen vortragen. Das endet dann gerne damit, dass der eine den anderen überzeugt. Anstatt dass also die Anschauung für sich sprechen muss, wird der Leser mit dem historischen Ergebnis bereichert, dass der andre überzeugt worden ist. Ich sehe es für ein Glück an, dass in solcher Hinsicht diese Papiere eine Aufklärung nicht gewähren."

Sören Kierkegaard, *Entweder/Oder*

Martin Walser: Ein fliehendes Pferd.
Suhrkamp Taschenbuch 600.

Die Hauptpersonen

Helmut Halm: 46 Jahre alt, ist Oberstudienrat an einem renommierten Stuttgarter Gymnasium. Seit elf Jahren fährt er in dieselbe Ferienwohnung am Bodensee, Schutz suchend vor der Belästigung durch Schüler und Kollegen. Halm ist seit etwa 20 Jahren mit seiner Frau Sabine verheiratet, die gemeinsamen zwei Kinder sind schon erwachsen und aus dem Haus.
Viel mehr erfährt der Leser zunächst nicht, zumal Halms vordringliches Interesse dem Verbergen seines wahren Ichs gilt. So scheint er sich am liebsten in der vergitterten Ferienwohnung aufzuhalten, Nähe zu anderen wehrt er entschieden ab.

Klaus Buch: Der ehemalige Klassenkamerad und Studienkommilitone Helmuts ist in allem als dessen Gegenspieler angelegt: Mit seinem jugendlichen Auftreten erscheint er als der „Macher", Sportskanone und Naturexperte in einem. Der ständig um seine Fitness besorgte Journalist ist in zweiter Ehe mit der um 18 Jahre jüngeren Helene verheiratet, die er „wie eine Trophäe" (21) vorführt.

Sabine Halm: Sie ist im Gegensatz zu ihrem Mann Helmut durchaus interessiert an Abwechslung und Begegnung mit anderen. Sie ist es auch, die nach dem Treffen mit dem Ehepaar Buch die Widersprüche ihres Mannes aufdeckt und versucht, ihre erstarrte Ehe neu zu beleben. Für Helmut ist sie ein großer Rückhalt, ohne ihre Aktivität versänke das Ehepaar in völliger Isolation.

Helene Buch: Sie ist die zweite Ehefrau von Klaus und erscheint zunächst als dessen unselbstständiges Anhängsel. Ihr Musikstudium hat sie auf Klaus' Wunsch aufgegeben, wie er betätigt sie sich journalistisch. Im Verlauf der Novelle nimmt ihre Bedeutung aber zu, vor allem reißt sie die Fassade ihres Mannes nieder, entlarvt dessen Scheinidentität und zeigt sein menschliches und berufliches Versagen auf.

Inhalt

Helmut Halm, 46 Jahre alter Oberstudienrat an einem Stuttgarter Gymnasium, und seine Frau Sabine verbringen in einem Ort am Bodensee ihren Sommerurlaub. Auf der Strandpromenade von Überlingen treffen sie zufällig auf Klaus Buch, einen ehemaligen Schul- und Studienkollegen von Helmut, und seine fast 20 Jahre jüngere Frau Helene.

Während der nächsten Tage treffen sich die beiden Ehepaare zu gemeinsamen Unternehmungen, immer initiiert von dem Gesundheitsfanatiker Klaus, der nur so sprüht vor Lebensenergie. Der Kierkegaard-Leser Helmut, der sich viel lieber in seine Ferienwohnung zurückziehen möchte, scheitert mit seinen Versuchen, die ihm unangenehmen Treffen einzustellen.

Auf dem Rückweg von einer gemeinsamen Wanderung gelingt es Klaus Buch, ein fliehendes Pferd einzufangen und damit erneut seine sportliche Überlegenheit zu demonstrieren. Helmut, angesichts der beängstigenden Lebenstüchtigkeit seines ehemaligen Schulfreundes am Boden zerstört, kann auch die Einladung zu einer Segelpartie am nächsten Tag nicht abwehren.

Während sich die Männer allein auf dem Bodensee befinden, verändert sich plötzlich die Wetterlage und der See wird von einem schweren Unwetter heimgesucht. Klaus Buch reagiert auf diese Herausforderung erwartungsgemäß überglücklich mit Schreien, Lachen und Singen, Helmut hingegen, um sein Leben fürchtend, stößt in großer Panik Klaus die Pinne aus der Hand, wobei dieser ins Wasser fällt und – so muss der Leser vermuten – ertrinkt. Helmut erreicht wie durch ein Wunder das Ufer.

Als Helene später mit den Halms zusammensitzt und ihnen die Wahrheit über Klaus erzählt, taucht dieser unvermutet wieder auf und verlässt, ohne dass ein Wort gewechselt wird, zusammen mit seiner Frau das Ehepaar Halm. Helmut und Sabine verlassen noch am selben Abend fluchtartig ihre Ferienwohnung am Bodensee und reisen nach Montpellier.

Die von Walser erzählte Zeit umfasst etwa viereinhalb Tage, sie beginnt mit dem Zusammentreffen der beiden Paare am Sonntagnachmittag und endet mit der Abreise der Halms am Donnerstagabend.

Das Geschehen, auf 143 Seiten chronologisch erzählt, ist in neun Kapitel gegliedert, erzählt wird aus der Perspektive der Hauptperson Helmut Halm.

Vorüberlegungen zum Einsatz des Buches im Unterricht

Als 1978 Martin Walsers Novelle *Ein fliehendes Pferd* erschien, stimmte die Literaturkritik fast einhellig dem Urteil Marcel Reich-Ranickis zu, es handle sich hier um ein „Glanzstück deutscher Prosa“.

Es ist für Schülerinnen und Schüler gewiss nicht leicht einen Zugang zu dem umfangreichen Werk Martin Walsers zu finden. Mit der vorliegenden Novelle aber kann ein Einstieg in Walsers Werk relativ mühelos gelingen, da die Erzählung vom Umfang her überschaubar und von der Erzählkonstruktion her leicht verständlich ist. Die einsträngige Handlung, die begrenzte erzählte Zeit und die Beschränkung auf wenige Charaktere prädestinieren die Novelle für eine Behandlung im Unterricht. Ferner ist das Buch in Thematik und Erzählstil exemplarisch für Walsers Werk ab 1975. Es ist deswegen auch überraschend schnell in den Literaturkanon der Oberstufe aufgenommen worden und heute beinahe schon ein ‚Klassiker’.

Der Leseprozess sollte so organisiert sein, dass das Buch vor Beginn der Erarbeitung von allen Schülern gelesen worden ist. Alternativ bietet sich an, die ersten beiden Kapitel als Einstieg gemeinsam zu lesen und an ihnen die Gegensätzlichkeit der beiden männlichen Hauptfiguren zu erarbeiten (vgl. Baustein 1). Spätestens danach sollte die Novelle aber ganz bekannt sein, was bei ihrem geringen Umfang kein Problem darstellt.

In einem Leistungskurs bietet sich ein Vergleich mit Walsers Roman *Brandung* an, einem weiteren Helmut-Halm-Roman aus dem Jahre 1985. Der Vergleich kann in Form eines Referates oder einer verkürzten Erarbeitung geleistet werden. Eine weitere Vertiefung ist durch einen Vergleich mit dem Drama möglich. Der vorliegende Unterrichtsvorschlag geht darauf im ersten Baustein näher ein. Darüber hinaus kann die Verfilmung unter der Regie von Peter Beauvais einbezogen werden, sie orientiert sich stark an der Novellenvorlage und bietet daher eine gute Vergleichbarkeit.

Die zur Verfügung stehende Sekundärliteratur zu Walsers Werken ist insgesamt recht umfangreich.

In literaturdidaktischer Hinsicht ist das Buch von Hans-Erich Struck empfehlenswert: Martin Walser: Ein fliehendes Pferd. Oldenbourg Verlag, München 1988. Das Buch enthält neben dem literaturtheoretischen Teil auch einen Vorschlag zur unterrichtlichen Gestaltung.

Stärker praxisbezogen ist eine Ausgabe des Heftes *deutsch – betrifft uns* aus dem Verlag Bergmoser + Höller: Heft 3/94, Martin Walser: Ein fliehendes Pferd. Dazu gibt es wahlweise eine Diskette mit zahlreichen Vorschlägen für handlungsorientierte Aufgaben.

Für einen Überblick über das Gesamtwerk Walsers eignet sich besonders das Buch von Gerald A. Fetz aus der Sammlung Metzler: Martin Walser. Verlag Metzler, 1997. Das Buch stellt nach einer Einleitung zum Leben Martin Walsers sämtliche Stücke und Romane kurz vor.

Vorschläge für Klausuren:

Viele der in diesem Unterrichtsvorschlag gestellten Arbeitsaufträge lassen sich auch als Klausurthemen formulieren. Dies gilt besonders für die in den Zusatzmaterialien vorgestellten Rezensionen. Neben der Analyse einer Rezension sollte zu einer kritischen Stellungnahme aufgefordert werden. Denkbar ist auch ein Vergleich zweier Rezensionen, die sich in wesentlichen Punkten widersprechen (siehe z.B. Zusatzmaterial 4).

Weitere Klausurvorschläge:

1. Analysieren Sie die Kapitel 2 und 3 unter besonderer Berücksichtigung des Aspekts der Erinnerung. Vergleichen Sie dabei die beiden männlichen Hauptpersonen miteinander.
2. Untersuchen Sie an einer ausgewählten Textpassage (S. 65–74) Halms Einstellung zur Sexualität und nennen Sie Gründe für diese Einstellung.
3. Analysieren Sie die Episode mit dem fliehenden Pferd (6. Kapitel). Zeigen Sie die Bedeutung dieses Vorfalls für die beiden Männer auf und gehen Sie näher auf das Motiv der Flucht ein.
4. Analysieren Sie die Seiten 119–120 Mitte (die Segelpartie der Männer). Stellen Sie den Textauszug zunächst in den Handlungszusammenhang der Novelle und deuten Sie das Verhalten der beiden Männer psychologisch.
5. Erörtern Sie die Bedeutung der Frauenfiguren, indem Sie für Ihre Auffassung geeignete Textstellen anführen.

Stärker produktionsorientierte Themen:

6. Dialogisieren Sie einen Textauszug aus der Novelle (die Textstelle sollte vom Lehrer vorgegeben werden).
7. Schreiben Sie einen Auszug aus dem Drama in einen erzählenden Text so um, dass Sie dem Erzählstil Walsers möglichst nahe kommen.
8. Verfassen Sie einen Brief Halms an seine Kinder, in dem er ausführlich auf deren Vorwürfe eingeht, er ziehe sich völlig zurück.
9. Verfassen Sie einen Zeitungsbericht zu dem Segelunfall auf dem Bodensee.
10. Verfassen Sie einen Tagebucheintrag Halms nach dem Vorfall auf dem See.
11. Stellen Sie sich vor, Halm schriebe Buch einen Brief aus Montpellier, in dem er seine Motive für sein Verhalten bei der Segelpartie erklären will. Verfassen Sie diesen Brief.

Konzeption des Unterrichtsmodells

Der vorliegende Unterrichtsvorschlag will mit seinen sechs Bausteinen wesentliche Aspekte der Novelle *Ein fliehendes Pferd* vorstellen und für den Unterricht methodisch aufbereiten. Die gewählte Reihenfolge der Bausteine ist dabei nicht zwingend, von ihr kann – je nach Intention – abgewichen werden. So ist etwa denkbar, die strukturellen Aspekte (Baustein 3) vor den thematischen zu bearbeiten. Im Mittelpunkt der Unterrichtsreihe steht der Antagonismus der männlichen Hauptpersonen, die übrigen Themen ordnen sich diesem Schwerpunkt unter.

Natürlich erhebt der Vorschlag keinen Anspruch auf Vollständigkeit. So wird zum Beispiel nicht in jedem Fall eine detaillierte Sprachanalyse vorgenommen; die besondere Erzählperspektive wird jedoch näher untersucht. Die philosophischen Bezüge (Nietzsche, Kierkegaard) werden angesprochen, aber keinesfalls erschöpfend behandelt. Hier ist in Zusammenarbeit mit dem Philosophieunterricht eine Vertiefung denkbar.

Der ***Baustein 1*** eignet sich als Einführung in die Novelle. Er legt den Schwerpunkt ganz auf die beiden Charaktere Halm und Buch. Um die Schüler nicht zu überfordern, bezieht der Baustein sich zunächst nur auf die Kapitel 1 und 2, in denen die Hauptpersonen als Gegensätze konzipiert sind. Der gleichen Intention dient der Vergleich mit dem Drama, durch den Aspekte der Novelle noch einmal hervorgehoben werden können. Die Erarbeitung des Themas *Erinnerung* und des fiktiven Briefes von Halm an Buch (womit auch das 3. Kapitel erfasst wird) dienen der Darstellung der gegensätzlichen Lebensstrategien der Männer.

Mit dem ***Baustein 2*** erfährt der Aspekt der Sexualität eine starke Gewichtung. Dies scheint gerechtfertigt, weil hier ein Thema angesprochen wird, das der unmittelbaren Lebenswirklichkeit der Schülerinnen und Schüler entstammt und für das sie in der Regel großes Interesse zeigen. Die „Chronologie“, an die sich der erste Baustein halten konnte, wird hier allerdings verlassen, da die Haltung der Männer zur Sexualität an verschiedenen Stellen der Novelle erarbeitet werden muss. Ein Vergleich mit dem persönlichen Bericht eines Jugendlichen soll den Schülern die Aktualität der Erzählung vor Augen führen.
Ein Bezug zum ersten Baustein ergibt sich dadurch, dass der Gegensatz der männlichen Hauptpersonen auch im Bereich der Sexualität – und hier besonders – zutage tritt.

Der ***Baustein 3*** befasst sich mit den strukturellen Aspekten der Novelle. Ziel ist es, die gut überschaubare Erzählung zu strukturieren und den Handlungsverlauf zu skizzieren. Dabei können bereits die Erzählhöhepunkte herausgearbeitet werden, worauf der folgende Baustein dann näher eingehen wird.

Ferner will der Baustein 3 am Beispiel einer konkreten Textstelle einen Einblick in die besondere Erzählperspektive Walsers vermitteln.
Mit Hilfe verschiedener Novellendefinitionen soll außerdem gezeigt werden, dass Walser die traditionelle Novellenstruktur auch im Hinblick auf ein zentrales Symbol verwirklicht hat.

Mit dem ***Baustein 4*** werden die Erzählhöhepunkte der Novelle vorgestellt: zum einen die Episode mit dem fliehenden Pferd, die der Erzählung auch den Namen gibt, zum anderen die Segelpartie der beiden Männer, die den dramatischen Höhepunkt bildet.
Da das Ereignis mit dem fliehenden Pferd symbolische Bedeutung besitzt, scheint es sinnvoll, an dieser Stelle über das Symbol im Allgemeinen zu sprechen und den Symbolgehalt der Novelle zu erarbeiten.

Um die beiden Frauenfiguren geht es im ***Baustein 5.*** Über die reine Charakterisierung hinaus wird vor allem dargestellt, welche Bedeutung die Frauen für ihre Männer haben und in welcher Weise sie Widerspruch gegen deren Lebensentwürfe zeigen.

Der ***Baustein 6*** befasst sich intensiv mit dem zentralen Thema der Novelle: Walsers Hauptfiguren befinden sich in der so genannten Krise der Lebensmitte und damit in einer Identitätskrise. Auch wenn die Thematik des Älterwerdens die Lernenden naturgemäß nicht so stark beschäftigt, so sind die damit zusammenhängenden Aspekte der Identitätssuche, der Entfremdung und des Konkurrenzverhaltens in der modernen Konsumgesellschaft von relativ großem Interesse für sie.
Der Baustein will zudem deutlich machen, dass es sich bei Walsers Novelle nicht nur um eine psychologische Studie zur Krise der Lebensmitte handelt, sondern dass die individuelle Krise gesellschaftliche Ursachen hat.
Einige Hinweise zum Leben und zur Philosophie Kierkegaards schließen den Baustein ab.

Die in den Zusatzmaterialien zusammengefassten Rezensionen fordern durch ihre gegensätzlichen Auffassungen zu Widerspruch heraus. Sie machen ferner deutlich, dass literarische Bewertungsmaßstäbe subjektiv sein können und sich im Laufe der Zeit ändern.

Bezieht man weitere Rezensionen in den Unterricht mit ein und berücksichtigt man die sehr geschickte Vermarktung des Buches, das schon kurz nach seinem Erscheinen zum Bestseller wurde, so ließe sich hier vom Lehrer leicht ein weiterer Baustein mit dem Thema *Rezeptionsgeschichte* erstellen oder eine projektorientierte Aufgabe formulieren. Im Übrigen eignet sich die Bearbeitung einer Rezension gut für die auch im Abitur geforderte Aufgabenform *Erörterung im Anschluss an eine fachspezifische Textvorlage.*

Die thematischen Bausteine des Unterrichtsmodells

Baustein 1 Die Gegensätzlichkeit der beiden männlichen Hauptfiguren

1.1 ❒ Helmut Halm

❒ *Arbeiten Sie das erste Kapitel durch, unterstreichen Sie alle Stellen, die etwas über die Psyche der Hauptperson Helmut Halm aussagen, und erstellen Sie mit Hilfe dieser Stellen ein „Psychogramm" Halms.*

Das erste Kapitel fungiert als Exposition. Neben den wichtigsten Details über Ort, Raum und Zeit wird bereits ein sehr genaues Bild der Hauptperson Helmut Halm gegeben. Halm wird vorgestellt als ein Mensch, dem angesichts des eigenen Alters alle anderen jünger vorkommen (12) und der seine Frau Sabine und sich ausdrücklich als „alt werdendes Paar" (12) bezeichnet.

Ferner zeigt sich Halm als jemand, der sich danach sehnt unerkannt zu bleiben (13), der sein Innerstes für andere unerreichbar wissen will. Erkannt und durchschaut sein ist für ihn ein Graus, bei allzu großer Vertrautheit möchte er fliehen (12). Hier wird bereits das Fluchtmotiv angesprochen, das sich durch die gesamte Novelle zieht und auch im Titel anklingt.

Deutlich wird auch, dass Halm alles unternimmt, um sein wahres Ich nicht preisgeben zu müssen. Um „inkognito" (12) zu bleiben, probiert er „Gesichter und Benehmensweisen" aus, die ihm Sicherheit vor den anderen bringen. Sein Traum ist „unerreichbar zu sein" (13). Dementsprechend legt er sich eine „Urlaubsrolle" (15) zu, die mit ihm selbst möglichst wenig zu tun hat.

Da der Aspekt der *Rolle* sowohl für Helmut Halm als auch später für Klaus Buch von besonderer Wichtigkeit ist, sollte mit Hilfe vorhandener Kenntnisse und einer Definition der Begriff *Rolle* erläutert werden.

„**Soziale Rolle**, die Gesamtheit der bezüglich seines Verhaltens an den Träger einer sozialen Position herangetragenen Erwartungen. Gesellschaften kann man als Gefüge von sozialen Positionen und Rollen auffassen. Ein großer Teil sozialen Verhaltens beruht vermutlich auf der Imitation von Rollenmodellen. Das Rollenmodell bezieht sich auf die perfekte Darstellung einer Rolle, die es nach den gemeinsamen Werten des Systems wert ist, kopiert zu werden. Die soziale Rolle, die ein Mensch innerhalb des sozialen Systems spielt, ist eng verknüpft mit seinem jeweiligen Status.“

1.2 ❐ Klaus Buch

❐ *Arbeiten Sie das zweite Kapitel durch, unterstreichen Sie alle Textstellen, die Aussagen über Klaus Buch enthalten, und erstellen Sie eine Charakteristik.*

Obwohl die Aussagen über Klaus Buch in diesem Kapitel nicht so umfangreich sind wie die über Helmut Halm im ersten Kapitel, können die Schülerinnen und Schüler dem Text dennoch erste wichtige Informationen entnehmen.

Klaus Buch ist deutlich als Gegensatz zu Helmut Halm konzipiert. Braun gebrannt im blauen Hemd, das er offen bis zum Gürtel trägt, erscheint der Blondschopf „überall senkrecht, durchtrainiert, überflusslos (19). Er ist überaus sportlich (25) und präsentiert seine um viele Jahre jüngere Frau „wie eine Trophäe“ (21). Sein Ekel vor Hunden kontrastiert zu Halms Tierliebe. Der Leser erfährt ferner, dass Klaus zusammen mit seiner Frau Helene gerne segelt, während die Halms offensichtlich lieber faul am Wasser sitzen (22). In der beginnenden Unterhaltung zeigt sich außerdem, dass sich Klaus Buch an viele Details aus der gemeinsamen Schul- und Studienzeit erinnern kann. Helmut hingegen hat Mühe seinen ehemaligen Freund überhaupt wiederzuerkennen. Darauf soll im 4. Teil dieses Bausteins noch näher eingegangen werden.

Zur Ergebnissicherung und Vertiefung ist es sinnvoll, die beiden Hauptcharaktere in ihrer Gegensätzlichkeit in einem Tafelbild gegenüberzustellen.

Helmut Halm	Klaus Buch
– zeigt Unbehagen vor dem Alter – möchte nichts von sich preisgeben – zieht sich vor anderen zurück – meidet größere Vertrautheit – sucht Sicherheit durch Rollenübernahme – möchte am liebsten inkognito bleiben – meidet Anstrengungen – möchte vor der Begegnung mit Klaus fliehen	– wirkt äußerst jugendlich – sucht sofort Kontakt zu Helmut – erzählt freimütig aus der Vergangenheit – ergreift die Initiative und lädt Halms sofort zum Essen ein – treibt gerne Sport – schwärmt von Helmut

Als Alternative bietet sich an, die beiden Charaktere Helmut und Klaus im arbeitsteiligen Gruppenunterricht erarbeiten zu lassen und dann gegenüberzustellen.

Die Ergebnissicherung kann auch so erfolgen, dass jeweils eine Schülerin oder ein Schüler die Rolle von Halm oder Buch übernimmt und sich mit den erarbeiteten Merkmalen vorstellt. Mögliche Ergänzungen können vorgenommen werden, indem weitere Schülerinnen und Schüler hinzutreten und Merkmale formulieren, die sie herausgearbeitet haben.

1.3 ❐ Vergleich mit dem Drama

Bevor die Schüler mit dem Theaterstück von Walser und Khuon bekannt gemacht werden, sollten sie selbst Gelegenheit erhalten, einen Novellenabschnitt zu dramatisieren.

❐ *Schreiben Sie den Anfang der Novelle einschließlich der Begegnung der beiden Paare in eine dramatische Szene um.*

Dabei können bestimmte Aspekte der Novelle noch einmal besonders hervortreten, andererseits erfahren die Schülerinnen und Schüler die besonderen Schwierigkeiten einer Dramatisierung. Beim Umschreiben des Anfangs ergibt sich das Problem, dass die Begebenheit auf der Promenade nicht ohne weiteres in eine Szene umzusetzen ist, da hier in weiten Teilen die Gedanken Helmuts in erlebter Rede wiedergegeben werden.

Bei einem überdurchschnittlichen Kurs kann der Arbeitsauftrag so offen wie oben formuliert werden. Die Schüler werden vermutlich auf unterschiedlichen Wegen zu eigenen Lösungsmöglichkeiten gelangen. Denkbar ist auch eine vorherige Analyse der Erzählhaltung, worauf an dieser Stelle aber nicht eingegangen werden soll.

Im Regelfall wird der Lehrer die Anregung geben, mit einem Dialog der Halms zu beginnen, die, in ihrer Ferienwohnung sitzend, auf die Buchs warten, mit denen sie sich zum Segeln verabredet haben. Während des Wartens sprechen Helmut und Sabine über die zurückliegende Begegnung auf der Promenade. So muss, was in der Novelle vorzugsweise in erlebter Rede aus Halms Sicht erzählt ist, in einen reflektierenden Dialog mit Sabine umgeformt werden. Hierin liegt die besondere Schwierigkeit der Aufgabe.

Dass Halm seiner Frau die ganze Geschichte rückblickend im Zug erzählt und sich die Er-Perspektive damit zu einer verdeckten Ich-Perspektive verschiebt, sollte zu diesem Zeitpunkt noch keine Berücksichtigung finden.

Über die reine Dialogisierung hinaus sollten die Schüler auch Angaben zu den Personen machen, zu ihrem Verhalten im Raum, zur Art und Lautstärke ihres Sprechens, zu Mimik und Gestik. Diese Regieanweisungen können in eine besondere Spalte neben die Dialogfassung geschrieben werden.

Die Ergebnisse werden dann vorgestellt und besprochen und anschließend auch in einer szenischen Darstellung umgesetzt. Die nicht unmittelbar an der Ausführung beteiligten Schüler bewerten die Darstellung danach, ob es gelungen ist, die beiden Charaktere Helmut und Sabine glaubhaft vorzuführen und ihre unterschiedlichen Interessenlagen herauszuarbeiten.

Zum Abschluss soll der Beginn des Theaterstücks von Walser/Khuon (s. Arbeitsblatt 1) untersucht und mit den eigenen Umsetzungen verglichen werden. Dabei muss deutlich werden: Helmut und Sabine reagieren auf die Begegnung mit den Buchs völlig unterschiedlich. Während Helmut sich angeekelt fühlt und das Eindringen der Buchs in seine Intimsphäre als eine Art „Hausfriedensbruch" empfindet, zeigt sich Sabine durchaus interessiert an der Begegnung. Sie hat das Gefühl, viel über ihren Mann zu erfahren, und fühlt sich von der Jugendlichkeit des Paares angezogen. Ihr eigenes Leben bezeichnet sie als „Trott", aus dem sie gerne ein bisschen herausgerissen werden möchte. Wie die Novelle, so stellt auch das Drama – allerdings auf eine andere Weise – den Gegensatz der Paare, insbesondere der Männer, klar heraus: Während sich in der Erzählung die beiden Männer direkt begegnen, gibt das Drama lediglich Helmuts und Sabines Gedanken über dieses Zusammentreffen wieder. Es holt also, auch um einen häufigen Szenenwechsel zu vermeiden, die Begegnung auf der Promenade im erinnernden Dialog nach. Damit sich der Zuschauer ein Bild von Klaus Buch machen kann, muss Sabine Informationen über ihn geben. In ihrer Bewunderung für ihn schwingt auch schon Kritik an Helmuts Lebensweise mit.

Ein fliehendes Pferd, I. Akt

Ferienwohnung im Hause Zürn. Helmut sitzt, so wie er von der Promenade zurückkam, im Sessel. Der Strohhut auf dem Tisch. Sabine kommt aus dem Schlafzimmer. Sie hat sich zum Segeln umgezogen. Sie weiß nicht, ob sie so gehen kann oder soll. Sie hätte gern eine Reaktion ihres Mannes. Sie hat Shorts an und eine Art T-Shirt. Sie zieht noch Sandalen an. Helmut sieht sie, nimmt sie wahr, aber er reagiert nicht. Er schwitzt, brütet, ist deprimiert, hat keine Lust, möchte alles verhindern. Sabine wendet sich, weil Helmut nicht reagiert, ans Publikum. Aber schon so, daß sie, auf diesem Umweg, von Helmut gehört werden will.

SABINE Es gibt Entfernungen ... in Zimmern ... das glaubt man nicht. Ich würde mich wahnsinnig gern bemerkbar machen. *Direkt zu Helmut, etwas laut, fast schrill:* Um drei kommen die. Willst du so aufs Boot. Das ist nicht die Queen Elizabeth. Im Anzug auf eine Jolle, ja?! Ich glaube, ich geh doch lieber barfuß. Eine Schande, daß wir keine Turnschuhe haben. Barfuß ist auch blöd. Ich behalte die Sandalen an, bis wir am Boot sind, dann geh ich barfuß an Bord. Du willst also im Anzug auf eine Jolle. Mit Hut, ja? Helmut, ich weiß nicht, ob das nicht ein bißchen komisch aussieht. Du meinst, ich seh auch komisch aus, so. Ich seh dir's doch an. Schieb nur wieder alles auf mich. Weil ich immer an der Promenade essen will, Leute anschauen will, haben wir dieses Paar getroffen, ja?! Aber er ist dein Freund.

HELMUT *lehnt ab.*

SABINE Schulfreund, Jugendfreund, Kommilitone. Ich hatte das Gefühl, von dem erfahr ich in einer Stunde mehr über dich als von dir in fünfundzwanzig Jahren.

HELMUT Bloß was.

SABINE Mich hat es interessiert.

HELMUT Mich angeekelt.

SABINE Er verehrt dich. Darum quälst du ihn. Typisch. Der hat dich immer schon verehrt. Der Arme. Du hast ihn praktisch nicht wahrgenommen. Du hast nur seine Frau angeschaut.

HELMUT Gegen meinen Willen.

SABINE Geradezu abgegrast hast du sie mit deinen Blicken.

HELMUT Zuerst habe ich wirklich geglaubt, dieser Klaus Buch sei ein früherer Schüler von mir. Der sieht doch zwanzig Jahre jünger aus als ich. Wie ich das hasse, man sitzt irgendwo, plötzlich steht so ein Kerl vor dir, so ein Ehemaliger, grüßt, streckt dir die Hand hin, nicht einmal seinen Namen sagt er, ihn muß man kennen, das kann er verlangen, er war doch der, der dir die tote Maus in die Tasche schob, ohne daß du es merktest. Das tut ihm jetzt zwar leid, aber er ist auch noch stolz auf seine bösartigen Pubertätseinfälle, mit denen er dich jahrelang schikanierte. Dann stellt er dir natürlich seine junge Frau vor, womöglich noch ein paar kreischende Kinder, die dich gleich mit ihren pappigen Fingern anfassen, dann quatscht dir das Pärchen die Ohren voll mit seiner tollen Biographie. Es sollte ein Gesetz geben, das ehemaligen Schülern verbietet, ihren Lehrern je wieder unter die Augen zu kommen. Und ein Zusatz: Freunde, mit denen man länger als zehn Jahre nichts zu tun hatte, haben sich als Fremde zu benehmen. Noch ein Zusatz: Fremde, die einen einfach ansprechen, begehen damit ein dem Hausfriedensbruch vergleichbares Delikt.

SABINE Klaus sieht wirklich sehr jung aus. Schon weil er eine junge Frau hat. Das hält jung. Die zweite Frau. Da versackt man nicht im Sessel und rührt sich nicht mehr. Um sieben Uhr morgens spielen die Tennis! Dann frühstücken sie, dann segeln sie, dann laufen sie, dann schwimmen sie, dann essen sie, dann schlafen sie, dann ... und so weiter.

HELMUT Grauenhaft.

SABINE Ich fände es gut, wenn Klaus und Hel uns ein bißchen herausreißen würden aus unserem Trott.

(Aus: Martin Walser, Ulrich Khuon: Ein fliehendes Pferd. Theaterstück) (Die Autoren stimmten der reformierten Rechtschreibung nicht zu.)

1.4 ❐ Erinnerung

- *Arbeiten Sie noch einmal das zweite und zusätzlich das dritte Kapitel durch.*
- *Woran erinnert sich Klaus Buch?*
  Woran erinnert sich Helmut Halm?
- *Suchen Sie (mit Hilfe der Definitionen und genauer Textarbeit) nach möglichen Ursachen für die unterschiedlichen Haltungen der eigenen Vergangenheit gegenüber.*

Besonders auffällig ist, dass sich Klaus Buch an zahlreiche Details der gemeinsamen Schul- und Studienzeit erinnert und voller Leben davon erzählt, während Helmut Halm von diesem "Wiedererweckungsmechanismus" und "Kriegskameradenphänomen" (27) nichts wissen will. Seine Erinnerungsbilder sind leblos, voller Abscheu denkt er daran, „mit wieviel Vergangenheit er schon angefüllt war" (27).

Anschließend sollte die Frage in den Vordergrund rücken, warum die zwei Männer sich auf so unterschiedliche Weise an ihre gemeisame Vergangenheit erinnern. Dabei können die Definitionen der Begriffe *Erinnerung und Erinnerungstäuschung* hilfreich sein, die gegebenenfalls auf Folie präsentiert werden oder auch an die Tafel geschrieben werden können.

Erinnerung: *Bewusstwerden und insbesondere aktives Insbewusstseinheben von im Gedächtnis gespeicherten Wahrnehmungen, Erlebnissen, Vorgängen und Bedeutungen.*

Erinnerungstäuschung: *Durch subjektive Einstellungen und Vorurteile sowie durch gefühlsmäßige Bewertung von Erlebnissen oder Sachverhalten hervorgerufener Mangel an Erinnerungstreue.*

(Meyers Enzyklopädisches Lexikon)

Vor allem der Hinweis, dass eine gefühlsmäßige Bewertung von Erlebnissen zu Erinnerungstäuschungen bzw. Erinnerungsmangel führen kann, hilft bei der Lösung der Arbeitsfrage weiter.

Im Text gibt es mehrere Hinweise darauf, dass bei Halm genau das zutrifft. So hat er Klaus Buch „aus dem Gedächtnis getilgt" (25). Dabei spielte vor allem der Neid auf Buchs Lektorenstelle in Edinburgh eine große Rolle. Und auch um dessen schönes Elternhaus und den großen Garten hat er ihn offensichtlich beneidet (26). Minderwertigkeitsgefühle und die Angst vor dem eigenen Versagen treten deutlich hervor. So stellt er denn auch resigniert fest: „Er hatte praktisch nicht gelebt. Es war nichts übrig geblieben. Hinter ihm war so ziemlich nichts“ (28). Auch die gelegentlichen Versuche Halms, Namen und Gestalten in der Erinnerung wiederzubeleben, scheitern. Die Szenen der Vergangenheit bleiben für Halm stumm, geruch- und farblos (29).

Die Erinnerung, das Zurückblicken auf die eigene Geschichte, ist Teil seiner Identität. Aber gerade die leugnet Halm, er sucht statt dessen Distanz. Buchs Versuch, gemeinsam Erlebtes zu erinnern, muss daher von Halm als Störung, als Eingriff in sein Refugium empfunden werden.

1.5 ❐ Halms fiktiver Brief an Klaus Buch

Vor einer erneuten Begegnung mit den Buchs formuliert Helmut einen Brief, in dem er seine Position noch einmal sehr deutlich macht (36/37). Da er sich mit diesem Brief aber den anderen gegenüber offenbaren würde, was er gerade verhindern will, schickt er ihn nicht ab.

Eine Analyse des Briefes kann unter inhaltlichen und formalen Gesichtspunkten erfolgen. Helmut liefert in dem erdachten Brief eine recht genaue Analyse seiner eigenen Befindlichkeit: Er möchte weder Freundlichkeit noch Verständnis, im Gegenteil, er sucht geradezu das Missverständnis, um sein eigenes Ich verheimlichen zu können. Getrieben von der Angst, andere könnten Macht über ihn erlangen, will er weder etwas über sich erfahren noch über sich sagen (37). Mit diesem Wunsch glaubt er sich nicht allein: „Diesen Wunsch habe ich mit der Mehrzahl aller heute lebenden Menschen gemeinsam. Wir verkehren miteinander wie Panzerschiffe“ (37).

Was treibt ihn an?

Halm spricht auch explizit das Fluchtmotiv an: „Ja, ich fliehe. Weiß ich. Wer sich mir in den Weg stellt, wird … Ich will mich nicht aussprechen“ (37).

Was zeigen uns die Modalv. des Textes?

Unter formalen Gesichtspunkten ist vor allem die Analyse der Verbformen interessant. Die zahlreich gebrauchten modalen Hilfsverben machen nämlich deutlich, dass Halm diesen Zustand zwar erstrebt, aber noch lange nicht erreicht hat. Unsicherheit und Zögern sprechen aus den Sätzen des fiktiven Briefes.

Möglich wäre an dieser Stelle auch ein erneuter Vergleich mit dem Drama. Da der Inhalt des Briefes nicht szenisch umgesetzt werden kann, sagt Helmut hier im Dialog zu Sabine, was er Klaus sagen möchte. Der Brief wird in der Novelle nicht abgeschickt, die geplante Rede wird im Drama nicht gehalten. Helmut kann sein Innerstes nicht offenbaren. Auch er bleibt lieber ein „Panzerschiff“.

Anschließend könnten die Schülerinnen und Schüler an einer handlungsorientierten Aufgabe „durchspielen“, wie Klaus Buch reagiert hätte, wenn er den fiktiven Brief tatsächlich bekommen hätte.

❒ *Stellen Sie sich vor, Halm hätte den Brief tatsächlich geschrieben und abgeschickt. Entwerfen Sie einen Brief Klaus Buchs, in dem er Helmut auf dessen Brief antwortet.*

Denkbar wäre z.B., dass sich Klaus Buch daraufhin entschließt, Helmut und dessen Frau nicht wiederzusehen. Interessanter wäre die Alternative, dass sich Buch öffnet und Helmut etwas von seinen Problemen mitteilt und um Hilfe bittet.

Notizen:

Sexualität

Das Verhältnis der männlichen Hauptpersonen zur Sexualität zeigt sich an vielen Stellen der Novelle. Es scheint deswegen sinnvoll, in diesem Punkt nicht der Chronologie der Erzählung zu folgen, sondern zunächst von den Schülerinnen und Schülern entscheidende Stellen selbst zusammentragen zu lassen. Aus zeitökonomischen Gründen kann der Lehrer auch auf diese Stellen hinweisen, was aber den Handlungsspielraum der Schüler stark einschränkt.

2.1 ❒ Klaus Buchs Einstellung zur Sexualität

❒ *Markieren Sie Textstellen, an denen der Leser etwas über die Einstellung Klaus Buchs zur Sexualität erfährt, und formulieren Sie in Partnerarbeit diese Einstellung mit einigen Sätzen.*

Klaus Buchs Einstellung zur Sexualität zeigt sich besonders deutlich im 4. Kapitel und bei der Segelpartie mit Helmut im 8. Kapitel.

Im Baustein 1.4 wurde bereits darauf hingewiesen, dass sich Klaus Buch im Gegensatz zu Helmut an zahlreiche Details der gemeinsamen Schul- und Studienzeit erinnert. Dazu gehört auch der Bereich der Sexualität. Bei einer Segelpartie der beiden Ehepaare (Kapitel 4 der Novelle) berichtet Klaus Buch unaufhörlich Einzelheiten gemeinsam erlebter, pubertärer Onanierszenen. Klaus' nicht zu bremsendes Mitteilungsbedürfnis offenbart dabei dessen Einstellung zur Sexualität. Für ihn ist das Selbstbewusstsein unabdingbar verknüpft mit der sexuellen Leistungsfähigkeit. Nur die Gruppenonanie sei für ihn in der Jugend eine Rehabilitationschance (50) gewesen. Dass sich an dieser Einstellung nicht viel geändert hat, zeigen sein gesamtes Auftreten (siehe Baustein 1.2) und seine Äußerungen zu Sexualität und Ehe. So findet er es absolut spießig, bloß zur Erzeugung von Kindern miteinander zu schlafen (48). In gespielter Offenheit führt er ständig das Wort „bumsen" im Mund, spricht von „ritualisierter Bumskultur" und bezeichnet Menschen, die seinen Anforderungen in dieser Hinsicht nicht entsprechen, als Fehler der Natur (48). Auch seine erste Frau war offensichtlich ein solcher Fehler.

Mit diesen Äußerungen und den erzählten Jugendgeschichten trifft er den Nerv Helmuts, der durch die Situation gezwungen wird sich zu äußern. Nachdem er sich zunächst befiehlt, „am lautesten und am längsten zu lachen" (52), geht er später dazu über, die von Klaus erzählten Anekdoten als unwahr hinzustellen und Klaus vorzuhalten, er kompensiere mit den alten Geschichten nur seine damalige Isolation (53).
Klaus' Äußerungen während der Segelpartie der beiden Männer (8. Kapitel) vervollständigen das Bild:

Erfolg oder Misserfolg einer Ehe messen sich für Klaus daran, wie oft man „seine Frau bumst" (108/110). Sollte die Frau in diesem Sinne nicht mehr reibungslos funktionieren, wird sie eben gegen eine jüngere ausgetauscht (110). Seine Frage an Helmut, ob er Sabine noch liebe, ist deshalb auch mit der Frage verknüpft, wie oft er noch mit ihr schlafe (108). Sexualität reduziert sich bei Klaus auf technische Leistungen.

2.2 ❒ Helmut Halms Einstellung zur Sexualität

- ❒ *Auf den Seiten 65ff der Novelle wird erzählt, wie sich Helmut Halm an ein zwölf Jahre zurückliegendes Ereignis in einem italienischen Hotel erinnert. In den sich anschließenden allgemeinen Reflexionen versucht Halm (bzw. der Erzähler aus dessen Sicht) zu erklären, warum er im Privaten die Ächtung sexueller Lust praktiziert.*
- ❒ *Zeigen Sie Halms Einstellung zur Sexualität auf und nennen Sie Gründe für sein Verhalten.*

Durch Klaus' Äußerungen wird Helmut in gewisser Weise der Lächerlichkeit preisgegeben. Dieser Angriff auf seine Intimsphäre und die durch die Begegnung mit Klaus hervorgerufenen sexuellen Wünsche seiner Frau Sabine wecken in ihm die Erinnerung an einen vergangenen Urlaub vor zwölf Jahren, bei dem er in einem italienischen Hotelzimmer der überlauten Potenz seines Zimmernachbarn zuhören musste. Sofort begann er sich zu schämen und seine eigene „Leistungsfähigkeit" mit der des Zimmernachbarn zu vergleichen. Gleich dreimal wird erwähnt, dass sich Helmut an den Pranger gestellt fühlt (66, 67, 69). Die sich anschließenden Reflexionen gehen weit über das rein Individuelle hinaus und beziehen die gesellschaftlichen Bedingungen seiner Versagensängste mit ein. Schuld ist seiner Meinung nach zum einen das Eindringen des Leistungsbegriffes in das Sexualleben: „Wer den Sexualitätsgeboten dieser Zeit und Gesellschaft nicht genügte, war praktisch ununterbrochen am Pranger" (66). Zum anderen macht Helmut mehrfach die Medien verantwortlich: „Die Druckwaren sorgten dafür. Mit Wort und Bild" (66). „Wenn er in den Druckwaren die Zahlen las, die man erbringen musste, wenn man nicht als impotent gelten wollte, kam er sich vor wie am Pranger" (67). „Sobald er das Bedürfnis spürte, sich geschlechtlich zu betätigen, brauchte er nur an die furchtbare Propaganda in den Druckwaren zu denken, dann wurde er ruhig" (67).

Helmut reagiert mit sexueller Verweigerung, er will nicht „wettbewerbsfähig" sein und hofft, „das läge bald ganz hinter ihm" (67). Ganz sicher ist er sich also noch nicht und durch das Erscheinen der Buchs ist die Verunsicherung wieder größer geworden. Durch den attraktiven, sich mit seiner sexuellen Vitalität brüstenden Klaus gerät Helmuts Versuch, sich den sexuellen Bedürfnissen Sabines zu entziehen, in Gefahr. Klaus erweckt in Sabine sexuelle Wünsche, was diese auch mehrfach offen ausspricht, und Helmut fühlt sich stark von der jungen Helene angesprochen.

Trotz seiner Verweigerungsstrategie verkündet Helmut öffentlich, z.B. in der Schule, das Gebot der Luststeigerung. Damit bestätigen sich die schon im Baustein 1.1 getroffenen Aussagen über die zwiespältige und unsichere Gestalt Helmut Halm. Um sein Inkognito zu wahren, produziert er nach außen den Schein sexueller Fortschrittlichkeit (68). Um diesen Schein zu wahren, braucht er allerdings das Einverständnis Sabines, von der er zu Recht annimmt, dass sie „noch nicht so weit war wie er" (65).

Wenn die Schüler die Gründe für Helmuts „Rückzugsverhalten" erarbeitet haben, sollten sie aus ihrer Sicht dazu Stellung nehmen. Es ist gewiss interessant zu erfahren, ob Schüler 20 Jahre nach Erscheinen der Novelle ihre gesellschaftlichen Bedingungen im Hinblick auf die Sexualität ähnlich empfinden.

Die Arbeitsergebnisse können in folgendem Tafelbild festgehalten werden:

Einstellungen der Männer zur Sexualität

Klaus	Helmut
– definiert sich über die sexuelle Leistungsfähigkeit – bezeichnet Menschen, die nicht den sexuellen Anforderungen entsprechen, als „Fehler der Natur" – reduziert die Sexualität auf technische Leistungen	– verknüpft Sexualität mit Versagensängsten – glaubt, dass die Gesellschaft auch im Bereich der Sexualität zur Leistung zwinge – fühlt sich durch die Medien („Druckwaren") unter Druck gesetzt
↓	↓
Sexualprotzerei	**sexuelle Verweigerung**

2.3 ❐ „Sex auf allen Kanälen"

Zur Vertiefung der in Baustein 2.2 behandelten Thematik kann mit den Schülern ein Text besprochen werden, der die von Halm in der Novelle geäußerten Motive für sein Verhalten aufgreift. Der Text ist vor allem deswegen interessant, weil er aus der Perspektive eines Jugendlichen geschrieben ist und sich (im Gegensatz zur Novelle, in der nur von „Druckwaren" die Rede ist) auf das wichtigste heutige Medium, das Fernsehen, bezieht.

Der Text, der im Jahresheft 96 des Friedrich-Verlags erschienen ist, schildert die Erfahrungen eines Jugendlichen, der, auf seine Freundin wartend und nach Ablenkung suchend, mit der Fernbedienung durch die zahlreichen Programme zappt. Doch auf allen Kanälen bietet sich ihm das gleiche Bild: singende Pornostars, Reklame mit eindeutiger Sexualsymbolik, nackte Körper, Kopulationstipps etc. Von Erotik, Sinnlichkeit und Gefühl keine Spur.

Am Ende ist er von all dem so erschöpft, dass er sich deprimiert ins Bett legt und bei der Rückkehr seiner Freundin schlafend stellt.

Ganz unverkrampft und mit einer gehörigen Portion satirischer Ironie und Übertreibung prangert der Text die heutige Sexkonsumgesellschaft und die Vermarktung der Sexualität im Fernsehen an. Der jugendliche Zuschauer erfährt keine Stimulanz zu mehr Sinnlichkeit, sondern erliegt am Ende der permanenten Reizüberflutung und zieht sich angeekelt zurück.

Der Mehrzahl der Schüler dürfte diese Erfahrung bekannt sein und sie werden die Parallelen zu Walsers Romanfigur Helmut Halm sicher schnell erarbeiten. Entscheidend ist aber auch zum einen die Erkenntnis, dass Walser Kritik übt an einer Gesellschaft, in der Sexualität zu einer öffentlichen Konsumware wird und in der die Menschen den vermeintlichen Sexualitätsgeboten genügen müssen, wenn sie sich nicht unfähig fühlen wollen. Zum anderen muss deutlich werden, dass sich das von Walser kritisierte Phänomen durch die Vielfalt heutiger Massenmedien eher verstärkt hat. Auch daraus bezieht die Novelle einen Teil ihrer Aktualität.

Natürlich ist es auch denkbar den umgekehrten Weg zu gehen, also zunächst den Text des jugendlichen Fernsehzuschauers im Unterricht zu behandeln und über die Frage, was dieser Text mit Walsers Novelle zu tun habe, auf das Problem der sexuellen Verweigerung bei Helmut Halm zu kommen.

In jedem Falle sollte der Bezug zur Lebenssituation der Schüler hergestellt werden.

Als Alternative dazu könnten die Schüler auch einmal das Fernsehprogramm einer Woche daraufhin untersuchen, wie viele Sendungen es gibt, die mit dem Thema Sex zu tun haben.

Vielleicht wird sich dabei Walsers These bestätigen, wir lebten in einer Gesellschaft, in der die Sexualität zur alles beherrschenden Konsumware geworden ist.

Im Gegensatz zur satirischen Tendenz der Textvorlage könnten die Schülerinnen und Schüler ihre Ergebnisse in einem eher sachlich informierenden Text festhalten und anschließend in Form eines Kommentars ihre Meinung zu den festgestellten Tendenzen des Fernsehprogramms zum Ausdruck bringen.

Sex auf allen Kanälen

Von der Verwirrung eines Jünglings vorm Fernseher

Ein Jugendlicher sucht Entspannung vor dem Fernsehgerät. Doch von Entspannung keine Spur. Kein Zappen hilft. Dem schwülen Sex, der plumpen Erotik ist nicht zu entkommen. Ein persönlicher Bericht über einen Tag TV.

14.00 Uhr, es ist Winter und kalt – die Freundin hat sich gerade verabschiedet, weil sie arbeiten muss, und mir bleibt nur der Fernseher zur Unterhaltung. Also, her mit der Fernbedienung. Ich bin bei Bärbel Schäfer und ihrer gleichnamigen Show gelandet. Das Motto lautet: „Ich steh auf Partnertausch!" Schön für die Leute, aber wen interessiert das eigentlich? Zeit zum Umschalten, Tagesschau ha, ha – Hugh Grant, der aalglatte Schwiegermutterschwarm, wurde bei einem 50-Dollar-Oralquickie mit einer Prostituierten auf dem Sunset Boulevard erwischt – peinlich, peinlich. Anlass für mich, auf diesen erhebenden Augenblick einen tiefen Schluck Bier zu nehmen.

Nun zu Wichtigerem, den Neuerscheinungen auf dem CD-Markt: Ich wende mich VIVA zu. „Make love, make no war" schallt es mir entgegen. Die Message ist zwar gut, aber der Song ist Sch... Da sehe ich das Gesicht – nein – eher das, was etwa 30 cm tiefer sitzt! Oh! Dolly Buster, die da plärrt, hat wieder einmal fast nichts am Körper. Singende Pornostars sind nix für mich, ich schalte um auf MTV. Dort steht eine extrem langbeinige Farbige vor mir und führt eine Art Analsexanimation auf. Dazu singt sie „Pull up to the bumper", grinst mich an und scheint mich zum Mitmachen animieren zu wollen. Verwirrt zappe ich wieder, nehme noch einen tiefen Schluck aus der Pulle, reiße eine Chipstüte auf und fange an nervös herumzukrümeln. Werbung – zwei Minuten Ruhe vor nackten Frauen, aber dann kommt's: „Es gibt Orte, an denen Sie es noch nie gemacht haben!", heißt es, und „wir bringen sie dort hin ..." – TUI. Dann Sektreklame: Ein Tropfen perlt langsam einen Frauenkörper hinab, bis er auf Beckenhöhe eine tätowierte Rose zum Blühen bringt – puh – ich schalte um, weiß gar nicht, was heute mit mir los ist. Gedanken an mein Schatzi breiten sich aus.

Um mich jetzt doch auf einen sinnvollen Film konzentrieren zu können, beschließe ich, einen Blick in die Fernsehzeitung zu werfen. Nebenbei höre ich – wieder bei VIVA gelandet – Stefan Raab singen „Wenn dir im Kornfeld ein Horn schwellt ..." Danach gibt's „Sex on the phone" von E-Rotic. Ich blättere in der TV-Zeitschrift und komme bei einem lasziv geöffneten Mund ins Stocken, dessen Lippen zärtlich ein Eis umschließen. Oralsex mit einem Milchprodukt??? Wie der Zufall es will, kommt genau in diesem Moment auch noch Werbung für das gleiche Eis im Fernsehen. „Ohne mein Magnum könnte ich gar nicht mehr!", beichtet da ein junger Mann. Impotenz bei Eismangel, das ist bitter ...

Ach verdammt! Nur Schrott in der Glotze. Entspannend wirkt da nur noch Sport auf DSF. Aber ... es muss an mir liegen, was ich sehe: Die Röcke der Tennisspielerinnen – sie werden immer kürzer, und die der Eisprinzessinnen sind eher breite Gürtel. Noch deutlicher die Schwimmerinnen und Leichtathletinnen – nabelfrei, gewaltiger Beinausschnitt – das alles wirkt aufs Auge und lässt mich nicht gerade wegsehen. Kaum anders bei den Herren der Schöpfung: Auch sie mögen's eng, und so mancher Sprinter zieht die Hose im Schritt noch mal richtig hoch, damit auch jede/r sehen kann, was er zu bieten hat. Naja, aber wahrscheinlich dient das alles in Wahrheit

der Verminderung des Luftwiderstandes … Gerade läuft Tennis, und bei dem Gestöhne der Spielerinnen kommt mir der Gedanke, wie sich das alles wohl anhört, wenn man das Bild wegdreht. „Uaah - pock - uuuah - pock - uauahha - pock-…“ klingt es dann aus dem Kasten, das könnte auch schon „Head on“ sein, ein Film, den TV-Today anpreist: „Sadomaso-Fans aufgepasst. Vergesst den Volkshochschul-Grundkursus ‚Quäl mich!'. Holt die Peitsche raus und ab vor die Glotze, denn bei ‚Head on‘ gibt's was zu lernen.“
„Ich liebe den Mann meiner Tochter“ heißt ein anderer Film. Pfui, das ist nicht nett, ich trinke die zweite Bierflasche leer und schüttele mich angewidert. So richtig lendenfixierte Freaks gibt es dann in dem Streifen „Verhängnis“ im Spätprogramm. Hier ziehen sich der Vater und die Freundin des Sohnes zunächst magisch an und dann immer häufiger und heftiger aus, bis es am Ende zur Katastrophe kommt …

Ich starre in die Fernsehzeitung, ich bin wohl eingeschlafen, das Bier ist warm, und der Film auf dem Bildschirm wirkt schon nach Sekunden ziemlich dumpf. Es ist „Eis am Stiel“: Lauter pubertierende Jünglinge, halbnackte Mädchen und eine Menge blöder Sprüche. Während sich RTL 2 also mit einem solchen Erfolgsfilm aus den 80ern die Zuschauerschaft sichert und mich verliert, versucht es SAT 1 mit dem "Schulmädchen-Report V“. O Gott, was für ein Quatsch, und wieder nur diese reine Fleischbeschau! Die geistreiche Handlung: Drei Mädchen vernaschen ihren Referendar.

Umgekehrt läuft es in einer anderen Ausgabe der Report-Reihe auf SAT 1, dem „Lehrmädchen-Report“. Hier jagen die Vorgesetzten ihren Azubis nach – noch so ein deutscher Softporno. Das alles ist schon nicht mehr lustig, geschweige denn erotisch. Sex satt, aber Erotik, Sinnlichkeit, Gefühl? – Fehlanzeige! Ich setze auf die Talkrunden im Spätprogramm. Nach Stunden vor der Kiste, einer Tüte Chips, einer Tafel Schokolade und einem Sixpack ist es doch wohl legitim, von den Programmmachern ein wenig Besinnliches zu erwarten. Na also! „Peep!“ gibt es auf RTL 2. Es ist eine sogenannte Erotikshow, und ich erwarte dementsprechend auch etwas Erotisches. Doch dann das: Amanda Lear interviewt in übelstem Deutsch den Busenstar Sybille Rauch. Es geht darum, wie, wo und wann es die Gäste am liebsten tun. Ich schalte zurück zu VIVA. Puh, lauter Krankenschwestern in Strapsen, laszive Mimik und eindeutige Stellungen und Bewegungen. Jetzt erkenne ich auch den Song. Es ist „Go freaky“ von den H-Blockx und beruhigt denke ich: „Gottlob, es ist nicht ernst gemeint.“ Das Musikvideo ziehe ich mir noch rein und ich genieße es, es lässt mich wieder erahnen, dass es doch noch Menschen gibt, die diesen Fernsehschmalspursoftsex als Schwachsinn entlarven und sich darüber lustig machen. Ich könnte jetzt auch darüber lachen, würde nicht meine Freundin in 20 Minuten nach Hause kommen. Ich bin wirklich derart übersättigt von nackten Leibern, Kopulationstipps und dem Versuch, erotische Stimmung bei mir zu erzeugen, dass ich beschließe, mir endgültig den Rest zu geben. Eurosport – Bodybuilding – die Miss-Universum-Wahl – da bekommt man ja Angst! Das ist ein erster Schritt des Abtörnens und des Ermüdens. Endgültig erledigt mich eine dieser scheußlichen Telefonsex- und Dienstleistungswerbungen, die im Nachtprogramm laufen. „Ruf mich an unter … Ich bin dein Zimmermädchen und sauge dir nicht nur den Staub!“, jauchzt da jemand in mein Zimmer. Nein, nein, nein – jetzt reicht's mir wirklich. Den ganzen Tag der via TV stimulierte Gedanke an Sex und nun könnte es vielleicht bald soweit sein, da habe ich beim besten Willen keine Lust mehr. Schnell lege ich mich ins Bett und hoffe, dass ich bald einschlafe. Draußen ist schon ihr Auto zu hören – ich beschließe, mich schlafend zu stellen: Genug Sex für heute, ich kann nicht mehr!

(Aus: Schüler 1996; Erhard Friedrich Verlag)

Baustein 3 Strukturelle Aspekte der Novelle

3.1 ❐ Ort und Zeit der Handlung

Walsers Novelle spielt ausschließlich in der Bodenseeregion, der Heimat und dem Wohnort des Dichters; Orte und einzelne Lokalitäten sind real. Ein Schülerreferat über Walsers Leben kann in diesem Zusammenhang eine sinnvolle Ergänzung sein.

Interessanter und für die unterrichtliche Behandlung ergiebiger ist die Gestaltung der Zeit. Die Novelle spielt zur Urlaubszeit im Sommer und umfasst den Zeitraum von vier Tagen: Die beiden Paare treffen sich an einem Sonntag zufällig auf der Strandpromenade am Bodensee. Am Abend desselben Tages gehen sie in den Gasthof „Hecht“ und essen gemeinsam zu Abend. Am darauffolgenden Nachmittag, also am Montag, machen die Ehepaare eine gemeinsame Segelpartie, abends kehren sie in eine Weinstube ein.

Der nächste Tag, der Dienstag, vergeht mit einer gemeinsamen Wanderung, an deren Ende Klaus das fliehende Pferd einfängt und zurückbringt. Der gemeinsame Abend wird im Hotel der Buchs verbracht, für den nächsten Tag, einen Mittwoch, verabreden die Männer eine Segelpartie, an der die Frauen nicht teilnehmen wollen. Während der Segelpartie kommt es zum dramatischen Höhepunkt der Novelle: Helmut schlägt Klaus in höchster Not die Pinne aus der Hand, worauf dieser über Bord fällt und scheinbar ertrinkt.

Am letzten Tag der Novellenhandlung, dem Donnerstag, berichtet Helene von den beruflichen Schwierigkeiten ihres Mannes und ihrer unglücklichen Ehe, als völlig unerwartet der totgeglaubte Klaus wieder auftaucht.

Am Abend verlassen Halms ihr Urlaubsdomizil und reisen nach Montpellier. Auf der Zugfahrt schildert Helmut seiner Frau Sabine die vergangenen Tage aus seiner Sicht.

Die Schüler sollten genügend Zeit darauf verwenden, die Novelle zeitlich zu gliedern. Folgender Arbeitsauftrag ist dazu denkbar:

❐ *Zu Beginn des 5. Kapitels (S. 58) heißt es: „Dann war Montagabend.“ Versuchen Sie von dieser Zeitangabe ausgehend, die Novelle nach Wochentagen zu strukturieren.*

Sobald die zeitliche Struktur erarbeitet worden ist, kann im arbeitsteiligen Gruppenunterricht jeweils eine Arbeitsgruppe das Geschehen eines bestimmten Tages kurz skizzieren, wobei sich die Schüler auf die äußere Handlung beschränken sollten.

Dazu kann eine Overheadfolie mit einer entsprechenden Tabelle in fünf Teile (Anzahl der Wochentage) zerschnitten und an die Arbeitsgruppen verteilt werden mit dem Auftrag die wichtigsten Ereignisse kurz zusammenzufassen.

Im Anschluss daran kann der gesamte Handlungsverlauf der Novelle mit Hilfe der Folien zu einem Überblick zusammengesetzt (siehe Übersicht S. 28) und den Schülerinnen und Schülern als Kopie zur Verfügung gestellt werden.

Dabei soll deutlich werden, dass Walser chronologisch erzählt und in der Regel die Zeitraffung verwendet, und zwar um so stärker, je weiter die Erzählung voranschreitet. Nimmt die Darstellung des ersten Tages noch 3 Kapitel mit fast 30 Seiten in Anspruch, so wird z. B. der Mittwoch mit dem dramatischen Höhepunkt auf 18 Seiten erzählt; das Geschehen wird also zunehmend verdichtet.

Gelegentlich setzt Walser auch das Mittel der Zeitdehnung ein, vor allem dann, wenn die Gedanken Helmuts wiedergegeben werden.

Als Erzählhöhepunkte kristallisieren sich die Episode mit dem fliehenden Pferd und die Segelpartie der Männer mit dem Unfall heraus (vgl. Baustein 4). Von der Erzählstruktur her muss aber auch das letzte Kapitel als ein Höhepunkt gewertet werden, da Helene hier die Fassade ihres Mannes und ihres gemeinsamen Lebens niederreißt und damit der Geschichte die entscheidende Wende gibt.

Notizen:

Struktur der Novelle

Tage	Kap.	Inhalt	Seitenzahl
Sonntag	1	Das Ehepaar Halm sitzt auf einer Terrasse an der Strandpromenade des Bodensees, erste Gegensätze der Ehepartner werden sichtbar; Helmut möchte sich lieber in die vergitterte Ferienwohnung zurückziehen, Sabine sucht menschlichen Kontakt.	10
	2	Zusammentreffen der beiden Paare auf der Strandpromenade; Klaus Buch erscheint dynamisch, sportlich, durchtrainiert; erste Jugenderinnerungen; Helmut möchte fliehen, sie entkommen den Buchs aber nicht, Einladung zum Abendessen.	8
	3	Abendessen im „Hecht"; die Gegensätze der Paare treten zutage; Halm ekelt sich vor Buchs „Wiedererweckungsmechanismus"; er gibt in einem Brief an Buch seine Gefühle preis, schickt den Brief aber nicht ab.	12
Montag	4	Gemeinsame Segelpartie, bei der sich Halms aber unwohl fühlen; Klaus und Helene erzählen von ihrem Beruf; die von Klaus erneut aufgetischten Jugenderinnerungen stellen Helmut bloß; von Klaus erzwungene Verabredung nach dem Abendessen.	19
	5	Besuch einer Weinstube; gemeinsame Gespräche, Helene berichtet von den sportlichen Aktivitäten ihres Mannes; Helmut soll für den nächsten Tag eine Wanderung planen, abends denkt er über sexuelle Zwänge in der Gesellschaft nach.	17
Dienstag	6	Die Ehepaare unternehmen die geplante Wanderung, Helmut verirrt sich aber, er fühlt sich erneut als Versager; Klaus gelingt es, ein fliehendes Pferd einzufangen und damit seine Überlegenheit zu demonstrieren.	19
	7	Gemeinsamer Abend in Buchs Hotel; Klaus redet über seine Einstellung zu Arbeit und Erotik; er lädt zu einer weiteren Segelpartie am nächsten Tag ein; zwischen den Halms kommt es zum Streit über die Einstellung zu Buchs.	11
Mittwoch	8	Segelpartie der Männer (die Frauen sind nicht dabei), Klaus schlägt Helmut eine gemeinsame Zukunft (ohne Sabine) auf den Bahamas vor; Helmut reagiert nicht; das Wetter schlägt um, schwerer Sturm kommt auf; Helmut stößt Klaus in großer Panik die Pinne aus der Hand, Klaus fällt über Bord.	19
Donnerstag	9	Helene und Halms gehen davon aus, dass Klaus ertrunken ist; in einem Gespräch erzählt Helene von der beruflichen Erfolglosigkeit ihres Mannes und ihrer unglücklichen Ehe; plötzlich taucht Klaus unversehrt auf und verlässt mit Helene den Raum; Halms reisen nach Montpellier ab.	28

3.2 ❐ Erzählperspektive

Damit die Schüler den Erzählstil Walsers angemessen untersuchen können, sollten sie mit den wichtigsten Erzählperspektiven und Darstellungsweisen vertraut sein und die Termini *Erzählerbericht* und *erlebte Rede* kennen.

Eine Zusammenfassung bietet das Arbeitsblatt 3, welches den Schülerinnen und Schülern zur Verfügung gestellt werden sollte.

Walser wählt für seine Geschichte einen personalen Er-Erzähler. Alles, was wir als Leser erfahren, erfahren wir sozusagen durch Helmut Halm. Er ist der „Stellvertreter", aus dessen Perspektive die Elemente der Geschichte organisiert werden. Was die anderen Personen der Novelle fühlen und denken, geht entweder aus ihren direkten Äußerungen hervor oder eben aus den subjektiven Äußerungen und Gedanken Halms über sie.

Den Einblick in Halms Gedankenwelt erhält der Leser durch die Dialoge in direkter Rede oder durch die häufig eingesetzte erlebte Rede.

Die Sicherung der Lernziele geschieht am besten durch die Bearbeitung einer konkreten Textstelle. Als Beispiel sei hier das Ende des ersten Kapitels angeführt. Die Aufgabe dazu könnte lauten:

❐ *Untersuchen Sie die Textstelle (S. 17, 12 – 18, 11) daraufhin, wie dem Leser das Geschehen vermittelt wird. Schreiben Sie die jeweilige Darstellungsweise an den Rand.*

Der Auszug beginnt in Form des Erzählerberichts, der deutlich geprägt ist durch die Perspektive Halms. Dessen Unsicherheit in Bezug auf Sabine wird mehrfach sichtbar *(vielleicht, müsste)*. Der Erzählerbericht geht dann über in die erlebte Rede und danach in die direkte Rede ohne Anführungszeichen:

Vielleicht ist Sabine imstande, dieses Leutebetrachten zu genießen. Er glaubte das nicht. Dann müßte sie ganz anders sein als er. Ist sie aber nicht. Sie haben aufeinander gewirkt. Sie sind einander jetzt unheimlich verwandt. Schau doch ihr Lächeln an. Wahrscheinlich hast du, ohne es zu bemerken, in diesem Augenblick ganz genau das gleiche abschüssige Lächeln im Gesicht. Wer euch so sieht, muß euch für Zwillinge halten. Und in diesem Augenblick sagte Sabine: Ich glaube, wir haben beide schon das Spanielgesicht. *Das passierte immer wieder, daß sie etwas aussprach, was wie eine Antwort war auf das, was er gerade dachte. In diesem Augenblick ärgerte es ihn.* Halt's Maul, dachte er und genierte sich gleich stürmisch dafür, daß er in Gedanken so wüst mit Sabine umging. Kämpf doch nicht so, sagte Sabine und legte ihre Hand auf seine. Er entzog ihr seine Hand und streichelte Otto und sagte: Der ist mit Recht beleidigt, weil du gesagt hast, wir sähen ihm gleich, dabei siehst nur du ihm gleich, ich überhaupt nicht. Separatist, sagte sie. Findest du das gut hier, sagte er. Ich könnte ewig Leute anschauen, sagte sie. Ich nicht, sagte er. Schade, sagte sie. Ich geh' jetzt, sagte er wütend. Nur noch eine Minute, sagte sie. Bitte, sagte er und sah auf die Uhr. (…)

(Ein fliehendes Pferd, S. 17 – 18) (Der Autor stimmte der reformierten Rechtschreibung nicht zu.)

← *Erzählbericht*

← Erlebte Rede

← Direkte Rede

← *Erzählerbericht*

← Direkte Rede

Erzählperspektiven und Darstellungsweisen in epischen Texten

Im Gegensatz zur Personenrede bezeichnet der Erzählerbericht die Teile einer Erzählung, in denen nicht Personen sprechen (etwa in der direkten Rede), sondern der Erzähler selbst als vermittelnde Instanz.

Nach F. K. Stanzel („Typische Formen des Romans“, 1964) lassen sich drei typische Erzählperspektiven unterscheiden:

1. Die **auktoriale Erzählperspektive** (von lat. „auctor“ – Urheber, Berichterstatter):
   Der Erzähler befindet sich außerhalb der von ihm dargestellten Welt. Er weiß, wie das Geschehen verlaufen wird und warum die Personen so und nicht anders handeln (allwissender Erzähler). Er kann sich in das Geschehen einschalten, indem er auf Zukünftiges vorausweist, Vergangenes oder Gegenwärtiges kommentiert, sich von der Handlungsweise der Figuren distanziert oder eigene Gedanken zum Geschehen beisteuert. Im Extremfall kann der Erzählerkommentar das fiktive Geschehen völlig überwuchern, im Allgemeinen jedoch hält sich der Erzähler im Hintergrund und beschränkt sich auf die Darstellung der fiktiven Wirklichkeit und auf wenige Einmischungen.

2. Die **Ich-Perspektive:** Der fiktive Erzähler ist hier selbst Teil der dargestellten Wirklichkeit, er erlebt das Geschehen mit. Er weiß also nur, was er durch dieses eigene Erleben, allenfalls durch Einlassungen Dritter erweitert, erfahren hat. Diese subjektive Beschränkung vermittelt dem Leser ein besonders tiefes Gefühl der Verbundenheit mit dem erzählenden Ich und kann zu gleichsam augenzwinkerndem Einverständnis zwischen Ich-Erzähler und Leser führen (so z.B. bei Th. Mann: Die Bekenntnisse des Hochstaplers Felix Krull).

3. Die **personale Erzählperspektive:** Hier fehlt der Erzähler als Vermittler zwischen fiktiver Wirklichkeit und Leser völlig. Deshalb „öffnet sich dem Leser die Illusion, er befände sich auf dem Schauplatz des Geschehens, oder er betrachte die dargestellte Welt mit den Augen einer Romanfigur“ (Stanzel). Dadurch wird der Eindruck der Unmittelbarkeit erweckt; an die Stelle des Berichts tritt eine quasidramatische Erzählweise (szenische Darstellung). Besondere Darstellungsformen der personalen Erzählperspektive sind:

   - die **erlebte Rede,** eine Erzählweise zwischen Rede und Bericht, zwischen direkter und indirekter Rede. Statt direkter Rede *(Sie fragte: „Muss ich wirklich mit dem Zug fahren?“)* oder indirekter Rede *(Sie fragte, ob sie wirklich mit dem Zug fahren müsse)* steht die Wiedergabe der Gedanken einer Person im Indikativ der 3. Person und meist im Präteritum: *Musste sie wirklich mit dem Zug fahren?*

   - der **innere Monolog,** eine Erzähltechnik, die den ungeordneten, assoziativ gesteuerten Gedankengang einer Person möglichst unmittelbar wiedergeben möchte. Erstrebt wird die vollständige Wiedergabe des Gedachten und Empfundenen in der Form, wie es gedacht und empfunden wird. Es kommt deshalb zur Lockerung der Syntax bis hin zu deren Auflösung und dazu, dass die Erzählzeit länger ist als die erzählte Zeit.

   - Der **„Stream of consciousness“** (engl. Bewusstseinsstrom) ist die Erweiterung und konsequente Fortführung des „inneren Monologs“.

(Nach: Schüler-Duden 1980 (teilweise verändert und ergänzt)).

3.3 ❐ Novellencharaker

Um beurteilen zu können, welche Formmerkmale die Erzählung Walsers zu einer Novelle machen, scheint es sinnvoll, dass sich die Schülerinnen und Schüler zunächst mit verschiedenen Definitionen des Novellenbegriffs auseinander setzen (vgl. Arbeitsblatt 4, S. 33).

❐ *Erarbeiten Sie Gemeinsamkeiten der abgedruckten historischen Novellendefinitionen und stellen Sie die wichtigsten Formmerkmale zu einer eigenen Definition zusammen.*

Den Definitionen nach ist die Novelle eine Erzählung mittleren Umfangs, die ein bestimmtes, herausgehobenes oder ungewöhnliches Ereignis berichtet – Goethe spricht von einer "unerhörten Begebenheit".

Als Formmerkmal wird ferner der zentrale Konflikt hervorgehoben, Vischer nennt es Spannung oder Krise. Hinsichtlich der Handlungsführung wird auf die strenge, meist geschlossene Form und die Einsträngigkeit hingewiesen, womit sie sich deutlich von der Mehrsträngigkeit des Romans unterscheidet.

Ein weiteres, wichtiges Formmerkmal ist das pointierte Hervortreten eines Höhe- bzw. Wendepunktes, auf den die Novelle zustrebt. Storm weist noch auf die Nähe zum Drama hin, was im Hinblick auf Walsers Novelle und seine Dramatisierung von Bedeutung ist.

Erklärungsbedürftig ist sicher die Definition Heyses, der nach dem so genannten „Falken“ fragt. Er spielt damit auf Boccaccios Falkennovelle aus dem *Decamerone* an und meint das Vorhandensein eines zentralen Symbols. Dasselbe spricht Pongs mit seiner Definition an, wenn er für die Novelle die Zentrierung um einen Punkt bzw. um ein symbolträchtiges Element fordert.

Zum Abschluss sollten die Schüler untersuchen, inwieweit die erarbeiteten Formmerkmale auch auf Walsers Novelle zutreffen.

❐ *Überprüfen Sie, ob Walser mit seiner Novelle die erarbeiteten Strukturelemente der Novelle erfüllt.*

Wie schon im ersten Abschnitt dieses Bausteins ausgeführt, spielt Walsers Novelle in der begrenzten Landschaft des Bodensees und in der kurzen Zeitspanne von vier Tagen. Die Erzählung ist im Hinblick auf Ort und Zeit zu einem dichten Geschehen zusammengezogen, was im Verein mit der begrenzten Personenzahl zu äußerster Konzentration führt.

Auch Goethes Forderung nach der unerhörten Begebenheit wird in Walsers Novelle durch das Geschehen am Ende des 8. Kapitels erfüllt, als Helmut seinem Kontrahenten Klaus in einem Moment äußerster Bedrohung die Pinne aus der Hand stößt. Dieses herausgehobene, ungewöhnliche Ereignis steht zweifellos im Zentrum der Erzählung, es ist Höhe- und Wendepunkt, auf den hin die Erzählung ausgerichtet ist.

In ihrer Einsträngigkeit beschränkt sich Walsers Novelle auf einen Ausschnitt des Weltzustandes (Vischer), sie konzentriert sich ganz auf den sich zuspitzenden Konflikt der männlichen Hauptpersonen.

Sie zeigt also im Hinblick auf die Handlungsführung eine sehr strenge, allerdings nicht unbedingt geschlossene Form. Zumindest bleibt für den Leser offen, wie sich die dramatische Begegnung der beiden Ehepaare auf deren weiteres Leben auswirken wird. Andererseits kehrt die Geschichte mit ihrem Ende wieder zum Anfang zurück, ähnlich einer Zirkellinie (Mundt).

Dass auch diese Novelle eine große Nähe zum Drama aufweist, liegt in der starken Begrenzung von Ort, Zeit und Personen und zeigt sich auch darin, dass Walser in Zusammenarbeit mit Ulrich Khuon eine dramatisierte Fassung herausgegeben hat.

Als Fazit bleibt: Walser hat in jeder Hinsicht die Novellenstruktur gemeistert, auch im Hinblick auf das zentrale Symbol (Heyse, Pongs), das hier durch das Titel gebende fliehende Pferd verwirklicht wird (vgl. Baustein 4.1).

Notizen:

Zum Begriff der Novelle

J. W. Goethe (1828)
Was ist eine Novelle anders als eine sich ereignete unerhörte Begebenheit? Dies ist der eigentliche Begriff, und so vieles, was in Deutschland unter dem Titel Novelle geht, ist gar keine Novelle, sondern bloß Erzählung oder was Sie sonst wollen. (...)

Th. Mundt (1845)
Die Novelle scheint mehr einer Zirkellinie gleich, die in sich selbst zusammengeht und die bestimmteste Richtung auf ein gewisses Zentrum hat, um dessentwillen sie da ist und ihren Lauf vollführt. (...) Sie strebt von ihrem Anfang an zu einem notwendigen Schluss hin, der aus dem Mittelpunkt des Stoffes organisch hervorgeht. Bei der Novelle wäre somit der Schluss oder die Pointe, worauf die Begebenheiten hinstreben, als das entschiedenste und ihrem Interesse wesentlichste Moment anzusehen.

F. Th. Vischer (1857)
Die Novelle verhält sich zum Roman wie ein Strahl zur Lichtmasse. Sie gibt nicht das umfassende Bild der Weltzustände, aber einen Ausschnitt daraus, der mit intensiver, momentaner Stärke auf das größere Ganze als Perspektive hinweist, nicht die vollständige Entwicklung einer Persönlichkeit, aber ein Stück aus einem Menschenleben, das eine Spannung, eine Krise hat und uns durch eine Gemüts- und Schicksalswendung zeigt, was Menschenleben überhaupt ist. (...)

P. Heyse (1871)
Wenn der Roman ein Kultur- und Gesellschaftsbild im Großen entfaltet, (...) so hat die Novelle in einem einzigen Kreise einen einzelnen Konflikt, eine sittliche oder Schicksalsidee oder ein entschieden abgegrenztes Charakterbild darzustellen. (...) Gleichwohl könnte es nicht schaden, wenn der Erzähler sich zuerst fragen wollte, wo der „Falke“ sei, das Spezifische, das die Geschichte von tausend anderen unterscheidet.

Th. Storm (1881)
(...) die heutige Novelle ist die Schwester des Dramas und die strengste Form der Prosadichtung. Gleich dem Drama behandelt sie die tiefsten Probleme des Menschenlebens; gleich diesem verlangt sie zu ihrer Vollendung einen im Mittelpunkt stehenden Konflikt, von welchem aus das Ganze sich organisiert, und demzufolge die geschlossenste Form und die Ausscheidung alles Unwesentlichen; sie duldet nicht nur, sie stellt auch die höchsten Forderungen der Kunst.

Fr. Spielhagen (1883)
Die Novelle hat es mit fertigen Charakteren zu tun, die durch eine besondere Verkettung der Umstände und Verhältnisse in einen interessanten Konflikt gebracht werden, wodurch sie gezwungen sind, sich in ihrer allereigensten Natur zu offenbaren, sodass der Konflikt gerade diesen durch die Eigentümlichkeit der engagierten Charaktere bedingten und schlechterdings keinen anderen Ausgang nehmen kann und muss.

H. Pongs (1929)
Die Novelle ist in ihrer einfachsten Form um einen Punkt zentriert, wie die Anekdote um die Pointe, nur ihrer tieferen Sinndurchdringung gemäß um ein symbolfähiges Element, ein Dingsymbol. (...)

J. Klein (1936)
Jede Novelle hat ein Mittelpunkts-Ereignis. Im Allgemeinen wird das Mittelpunkts-Ereignis ein auffallender Vorgang sein. Auf die äußere Stellung kommt es dabei nicht an. Das Ereignis kann auch am Ende stehen. (...)

F. Lockemann (1957)
Wie wir sahen, treffen in der Novelle Form und Gehalt in einem Punkt konzentriert zusammen und werden in diesem Zusammenwirken für den Betrachter unmittelbar fassbar. Der Wendepunkt ist die konzentrierte Form, das ganze Gebilde ist nur seinetwegen da, alles Vorhergehende zielt auf ihn, alles Folgende bestätigt nur die eingetretene Wende (...).

H. Seidler (1959)
(...) Man kommt dem Wesen [der Novelle], so vorsichtig es umgriffen sein muss, näher, wenn man es mit andern Arten vergleicht. Man kann sagen, dass der Roman eine große Entwicklung darstellt, reich entfaltete Vorgänge darstellt und formal eine große Mannigfaltigkeit aufweist, während die Novelle ein bestimmtes Geschehnis in geschlossener Form gestaltet. Genauer müsste man sagen: dass sie einen Vorgang, der an sich breit und lang sein könnte, in der Darstellung zu einem dichten Geschehnis zusammenzieht.

(Zit. nach: Edgar Neiss: Die Novelle.)

Die Erzählhöhepunkte der Novelle

4.1 ❒ Das fliehende Pferd

Die Episode mit dem fliehenden Pferd hat der Novelle den Titel verliehen, ist also von besonderem Gewicht. Neben seiner symbolischen Bedeutung verschärft das Ereignis auf der konkreten Ebene zunächst die Konkurrenzsituation zwischen den beiden Männern: Helmuts Versuch, einmal selbst die Initiative zu ergreifen und sie auf einer gemeinsamen Wanderung zu führen, scheitert kläglich. Er wird unsicher, verläuft sich im Unterholz und verliert schließlich ganz die Orientierung. In diesem Augenblick ist es wiederum Klaus Buch, der die Führung an sich reißt und die Situation rettet.

Noch besser kann sich Klaus bei dem darauffolgenden Ereignis in Szene setzen, indem es ihm unter Einsatz seines Lebens gelingt, ein fliehendes Pferd einzufangen und zurückzubringen. Während ihm das die uneingeschränkte Bewunderung der Frauen einbringt, scheint Helmuts Niederlage endgültig besiegelt, er verliert den Boden unter den Füßen (92) und würde am liebsten heulen (93).

Die Schüler können seine innere Verfassung gut nachvollziehen, wenn sie einen Tagebucheintrag Helmuts zu diesem Vorfall verfassen.

❒ *Verfassen Sie einen Tagebucheintrag, in dem Helmut Halm die gemeinsame Wanderung und das Ereignis mit dem fliehenden Pferd reflektiert (Kapitel 6 der Novelle).*

Da Helmut beim Schreiben eines fiktiven Tagebuchs nicht gezwungen wäre, wie sonst üblich, den äußeren Schein zu wahren, könnte er seine Gefühle ehrlich mitteilen. Er fühlt sich als Verlierer und absoluter Versager und er hasst Klaus abgrundtief. Er könnte im Tagebuch auch andeuten, welche Bedrohung die Lebensweise Klaus Buchs für ihn hat, und damit eine Vorausdeutung auf kommende Ereignisse geben.

Das Bild des fliehenden Pferdes besitzt neben seiner konkreten Bedeutung symbolischen Charakter. Die Schüler sollten sich deswegen zunächst mit dem Begriff des Symbols vertraut machen. Die Definition wird ihnen mit Hilfe einer Folie oder als Kopie zur Verfügung gestellt. Begleitend dazu erhalten sie folgenden Arbeitsauftrag:

❒ *Setzen Sie sich mit der Definition des Begriffes „Symbol" auseinander und erläutern Sie, inwiefern das fliehende Pferd symbolischen Charakter besitzt.*

Das **Symbol** von gr. Symbolon = Kennzeichen, Merkmal, Wahrzeichen; von symballein = zusammenwerfen, vergleichen, zusammenfügen. In der Antike war Symbol ursprünglich ein konkretes Erkennungszeichen, etwa die Hälften eines Ringes, einer Münze, eines Stabes etc., die bei Wiederbegegnungen bzw. Beweisen zusammenpassen mussten. Symbol wurde dann später im übertragenen (metaphorischen) Sinne ein bildhaftes Zeichen, das über sich hinaus auf höhere geistige Zusammenhänge weist, ein sinnlich fassbares Zeugnis für eine Idee ist bzw. einen abstrakten Begriff veranschaulicht: z.B. das christliche Kreuz.

Neben seiner konkreten Bedeutung verweist das Bild des fliehenden Pferdes auf das Motiv der Flucht und damit augenscheinlich zunächst auf die Situation Helmuts, der dieses Motiv in seinem fiktiven Brief an Klaus selbst angesprochen hat (vgl. Baustein 1.5). Fluchtgedanken Helmuts durchziehen die gesamte Novelle und werden an vielen Stellen explizit angesprochen, wie zum Beispiel auf der Seite 13: „Jetzt blieb ihm nur noch die Flucht."

Um sich klar zu machen, wie häufig das Motiv des Fliehens Verwendung findet, sollten die Schüler dafür relevante Textstellen auffinden. Der Impuls dazu könnte lauten:

❒ *Sammeln Sie Textstellen, an denen Helmut Fluchtgedanken äußert, und versuchen Sie zusammenzustellen, wovor er flieht.*

Helmut flieht aus einer als unerträglich empfundenen beruflichen Situation, flieht vor sexuellen Leistungsnormen und einem „Erkanntwerden". Vor allem versucht er sich dem besitzergreifenden Verhalten seines Schulfreundes Klaus Buch zu entziehen, der tief in seine Intimsphäre eindringt.

Beide Männer können sich in die Situation eines fliehenden Pferdes hineindenken: Klaus weist auf den Fehler hin, den der Bauer gemacht hat, indem er sich dem Pferd in den Weg stellte (90), und Helmut stimmt ihm dabei überschwänglich zu: „Das stimmt, rief er, und wie das stimmt" (91).

So muss das Fluchtmotiv nicht nur auf Helmut, sondern auch auf Klaus bezogen werden.

Als Impuls für die Schüler könnte dazu wieder ein Arbeitsauftrag formuliert werden:

- *Klaus Buch äußert an einer Stelle der Novelle (S. 109), wenn Helmut mit auf die Bahamas komme, seien sie* ***beide*** *gerettet.*
  Wovor will sich Klaus retten, wovor flieht er? Beziehen Sie dazu vor allem die entlarvenden Ausführungen Helenes im letzten Kapitel (ab S. 136) mit ein.

Wie sich im weiteren Verlauf der Novelle zeigt, flieht Klaus vor der Erfolglosigkeit im Beruf und vor den Emanzipationsbestrebungen seiner Frau. Und vor allem flieht er vor dem Älterwerden. Seine Sexualprotzereien und unaufhörlichen Fitnessbemühungen sind der Versuch, dem Älterwerden zu entfliehen.

Nachdem die Schüler erarbeitet haben, *wovor* die männlichen Hauptfiguren fliehen, sollten sie auch deren jeweilige Fluchtrichtung erarbeiten und in einer Gegenüberstellung an der Tafel festhalten. Während Helmut sich den Ansprüchen seiner Umwelt durch eine Flucht nach „innen" entzieht, tritt Klaus eine Flucht nach „außen" an.

Das Symbol des fliehenden Pferdes

Helmut flieht vor	**Klaus** flieht vor
– äußeren Ansprüchen – sexuellen „Forderungen" – unerfreulichen Erinnerungen an Kindheit und Jugend	– Leistungsansprüchen der Gesellschaft – Erfolglosigkeit im Beruf – Den Versuchen seiner Frau, Selbstständigkeit zu erlangen

Fluchtrichtung

in Ehe und Innerlichkeit ↓ **Introvertiertheit**	in sportliche Herausforderungen und Sexualprotzereien ↓ **Extrovertiertheit**

4.2 ❐ Der Moment äußerster Bedrohung: die Segelpartie

Die Segelpartie von Klaus und Helmut (Kapitel 8) ist der eigentliche Höhepunkt der Novelle. Noch vor der dramatischen Wende (Klaus fällt über Bord) kommt es während einer Flaute zu einem Gespräch zwischen den beiden Männern, in dessen Verlauf Klaus seinen Kontrahenten Helmut bis zum Äußersten reizt. In einer Art „Selbstentblößung" (110) offenbart Klaus, dass er seine Frau Helene mit Absicht klein hält, um weiterhin von ihr angebetet zu werden, und dass er dringend der Hilfe bedarf, weil ihm die Substanz fehlt, um brillant, glänzend und großartig zu sein (109). Dabei hofft er auf Helmut, mit ihm zusammen möchte er auf die Bahamas fliehen. Doch Helmut, der ja längst die Flucht nach innen angetreten hat, verweigert sich Klaus' bohrenden Fragen und antwortet einfach nicht, nickt aber zu allem und vergrößert damit die Missverständnisse.

Die Lernenden müssen erkennen, dass das erneute Eindringen in Helmuts Intimsphäre (vgl. dazu Baustein 2.2) die Spannung zwischen den Männern weiter ansteigen lässt. Helmut fühlt sich in die Enge getrieben, die Situation im Boot nimmt ihm jede Fluchtmöglichkeit.

Da Walser die sich steigernde Spannung zwischen den beiden Männern in der Beschreibung der Natur versinnbildlicht, können die Schüler zunächst ihre Beobachtungen dazu festhalten:

❐ *Analysieren Sie den Textabschnitt von S. 114.17 – 115.18, indem Sie Helmuts Beobachtungen zur Natur auf den Verlauf des vorherigen Gesprächs der beiden Männer beziehen. Versuchen Sie Ihre Ergebnisse in einem Tafelbild festzuhalten.*

Die Veränderungen in der Natur, die Helmut sehr genau wahrnimmt, spiegeln sein Innerstes wider: „Im Himmel waren Tinten jeden Blaus langsam zusammengeflossen. Im Lauf des Nachmittags hatte alles an Bestimmtheit zugenommen" (115). Das gilt auch für Helmut, der keine Möglichkeit mehr sieht, sich seines Widersachers zu entziehen.

Der nun ausbrechende Sturm kündigt die nahende Katastrophe an: „Man sah im Wasser alle Blaus, das Silber, das Rosa; zusammen ergab es ein immer stahlflüssigeres Blau, in dem ein violettes Gold flutete. Und da hinein rissen dann die Gewitterböen ihre schwarzen Narben" (115).

Der 2. Teil dieses Kapitels schildert den dramatischen Höhepunkt der Novelle. Die Auseinandersetzung der beiden Männer eskaliert, symbolisch dargestellt im Kampf um die Pinne des Bootes.

Zunächst aber sollten die Schüler die unterschiedlichen Reaktionen der Männer auf den Sturm beschreiben und evtl. in einer Gegenüberstellung festhalten: Helmut empfindet das Unwetter als eine absolute Bedrohung. Er macht sich Sorgen, möchte möglichst rasch an Land kommen (116) und glaubt, Klaus sei wahnsinnig. Der hingegen freut sich über den aufkommenden Sturm und nimmt ihn als erneute Herausforderung an. Wie ein Rodeoreiter (117) kämpft er mit den Wellen, triumphierend begrüßt er jede Bö.

Den Höhepunkt bildet der „Kampf" um die Pinne. Ob man dabei den durchaus einleuchtenden Ausführungen Anthony Waines[1] folgt, der die Pinne als phallisches Sinnbild bezeichnet, ist eher zweitrangig. Klar ist, dass, wer die Pinne hält, die Führung des Bootes hat.

Der Impuls zur Erarbeitung dieser wichtigen Stelle kann lauten:

❒ *Beschreiben Sie die unterschiedliche Art und Weise, mit der die Männer im Moment äußerster Bedrohung die Bootspinne handhaben, und deuten Sie in diesem Sinne den Ausgang des „Kampfes".*

Helmut weiß nicht, wie er „mit diesem lächerlichen Stück Holz etwas ausrichten sollte" (119), er dreht die Pinne in die falsche Richtung, sodass das Großsegel querschlägt. In dieser Situation reißt Klaus ihm die Pinne aus der Hand, womit er ihn sozusagen entmachtet (Waine spricht seinem Ansatz zufolge von Entmannung) und ihm seine Unfähigkeit erneut vor Augen führt.

Helmut sieht in dieser Situation keinen Ausweg mehr: Er stößt in einer Kurzschlusshandlung Klaus Buch die Pinne aus der Hand, worauf dieser rückwärts ins Wasser stürzt (123). Um sein Leben fürchtend entledigt er sich damit seines Rivalen, von dem er so tief gedemütigt worden ist.

Am Ende des Kapitels (123) vergleicht Helmut selbst seine Situation auf dem Boot mit der des fliehenden Pferdes, dem man sich nicht in den Weg stellen darf.

Abschließend scheint es sinnvoll, durch eine stärker handlungsorientierte Aufgabe noch einmal Helmuts Motive für die Tat zu rekonstruieren.

❒ *Führen Sie zu dem Unfall auf dem See eine Zeugenbefragung in Form eines Verhörs oder einer Gerichtsverhandlung durch.*

Bei einer Zeugenbefragung könnten sowohl die beiden Männer als auch nicht beteiligte Personen (z. B. andere Segler) befragt werden. Die Schüler müssen dazu angemessene Fragen ausarbeiten und die möglichen Antworten der Zeugen formulieren.

Für eine Gerichtsverhandlung kann der Fall konstruiert werden, dass Klaus Buch Helmut angezeigt hat, weil er ihn des Mordversuchs bezichtigt.

Die Schüler sollen sich dabei in die verschiedenen Rollen von Richter, Staatsanwalt und Verteidiger versetzen und einen Fragenkatalog entwickeln, mit dessen Hilfe sie die Motive der Männer ergründen können.

---

[1] Anthony Waine: Martin Walser. Beck'sche Verlagsbuchhandlung, München 1980, S. 115)

Eine solche Gerichtsverhandlung ließe sich auch in Form eines szenischen Spiels durchführen. In jedem Fall muss gewissenhaft abgewogen werden, wie weit Helmut für seine Tat verantwortlich gemacht und gegebenenfalls zur Rechenschaft gezogen werden kann.

Zur Verteidigung Helmuts könnte vorgebracht werden, dass ihm das Verhalten Buchs angesichts der Wetterverhältnisse wahnsinnig vorgekommen sein muss. Trotz der Sturmböen und der Warnlichter weigert sich Klaus einen Hafen anzusteuern. Von dieser Situation völlig überfordert verliert Helmut die Nerven und es kommt zu der Kurzschlusshandlung. Nur dadurch ist erklärbar, warum der unerfahrene Helmut dem erfahrenen Segler die Pinne aus der Hand stößt und damit seine eigenen Überlebenschancen deutlich verringert. Dass es sich nicht um einen heimtückisch geplanten Akt, also um Mord, handelt, ist offensichtlich – zumindest gibt es darauf keinerlei Hinweise. Auch Halms Reflexionen eine Weile nach der Tat widersprechen der These vom geplanten Verbrechen. Er selbst beteuert, dass er das nicht gewollt habe, und spricht von Notwehr (129). Er ist sich auch darüber im Klaren, dass er für einen Moment lang die Beherrschung verloren hat, *den Schein nicht aufrecht erhalten hat* (129) und er macht sich deswegen Vorwürfe. Entgegen seinen sonstigen Gewohnheiten wird er aktiv, will mit Sabine Fahrrad fahren und einen Dauerlauf machen, wohl um die Geschehnisse zu vergessen: „Aber er ließ keine Pause zu" (131).

Klaus wird bei einer Zeugenbefragung oder Gerichtsverhandlung den Vorgang naturgemäß anders darstellen. Es ist davon auszugehen, dass er die psychische Lage Helmuts nicht angemessen eingeschätzt hat und deswegen die Gefahr, in die er sie gebracht hat, nicht erkannt hat. Er könnte damit argumentieren, die Situation jederzeit im Griff gehabt zu haben, was subjektiv gesehen auch den Tatsachen entspricht. Aus seiner Sicht wird er den „Angriff" Helmuts vielleicht als vorsätzlich bezeichnen.

Denkbar ist auch die schriftliche Ausarbeitung der Schlussplädoyers von Staatsanwalt und Verteidiger, die wiederum auch szenisch umgesetzt werden können. Die daran nicht beteiligten Schüler können eine Jury bilden, die durch Abstimmung die Qualität und Überzeugungskraft der Plädoyers beurteilt.

Notizen:

Baustein 5 Die Frauenfiguren

5.1 ❐ Sabine Halm

Im Vergleich zu den männlichen Hauptpersonen führen die beiden Frauen nur wenig Eigenleben, der Leser erfährt kaum etwas über ihre Gefühle und Gedanken. Ergiebiger als der Versuch einer Charakterisierung scheint daher die Beantwortung der Frage, welche Bedeutung sie für ihre Ehepartner haben.

Sabine Halm unterscheidet sich in vielem von ihrem Mann Helmut. Obwohl der Leser, bedingt durch die Erzählperspektive, nicht allzu viel über sie erfährt, ergibt sich doch im Verlauf der Novelle ein abgerundetes Bild, in dem gut sichtbar wird, welch große Bedeutung sie für ihren Mann Helmut hat.

Diese Bedeutung sollten die Schüler am Text erarbeiten und stichwortartig festhalten.

❐ *Zeigen Sie anhand geeigneter Textstellen die Bedeutung Sabines für ihren Mann auf.*

Dabei müsste deutlich werden, dass Sabine kein „Panzerschiff" (S. 37) ist, sondern Gefühle zeigt und sich anderen gegenüber öffnet. Dies zeigt sich schon im ersten Kapitel, als das Ehepaar auf der Strandpromenade sitzt und Sabine eingesteht, dass sie gerne Leute anschaut (18). Ihre Offenheit und Natürlichkeit bilden einen angenehmen Gegensatz zu Helmuts Rückzugsmentalität und bewahren das Ehepaar so vor völliger Isolation.

Obwohl Sabine Helmut inneren Halt gibt und als seine einzige Verbündete gelten kann, findet sie sich mit dessen Lebensweise nicht widerspruchslos ab. Sie scheint die Begegnung mit den Buchs durchaus zu genießen und möchte, dass auch Helmut aus seinem Trott herausgerissen wird (39). Vor allem mit Helmuts sexueller Verweigerung will sie sich nicht abfinden: „Dann frag ich eben Klaus, ob er mit mir schlafen will..." (72). Helmut nimmt diese Warnzeichen sehr ernst, er spürt, dass sein Verhältnis zu Sabine, die doch sein ganzer Rückhalt ist, durch die Begegnung mit Klaus gefährdet wird.

Am Ende der Novelle, nachdem die Buchs abgefahren sind, verklärt er Sabine geradezu und stellt in einer Art Liebeserklärung noch einmal fest, welche Bedeutung sie für ihn hat: „Ach du. Einziger Mensch. Sabine. (...) Du Angeschienene, du, sagte er. Mit deiner Stärke, von der du nichts weißt. Aus den Jahren herausschauen wie aus Rosen, das sieht dir gleich." (150/151).

Die Arbeitsergebnisse können im Rahmen eines Unterrichtsgesprächs in folgendem Tafelbild zusammengefasst werden:

Sabines Bedeutung für Helmut

Sabine

- bewahrt Helmut vor Isolation (z.B.: 124, 148)
- hält Kontakt zu anderen (z.B.: 34)
- gibt ihm inneren Halt (17/18)
- bildet einen Gegenpol zu seiner Rückzugsmentalität (102)
- will ihn aus seinem Trott herausreißen (39)
- findet sich nicht mit seiner sexuellen Verweigerung ab (72/73)

↓

Sabine gibt Helmut Halt.

5.2 ❐ Helene Buch

Parallel zu Baustein 5.1 kann auch hier der Arbeitsauftrag lauten:

❐ *Zeigen Sie anhand geeigneter Textstellen die Bedeutung Helenes für ihren Mann auf und halten Sie Ihre Ergebnisse in einem Tafelbild fest.*

Alternativ dazu können die Schüler in arbeitsteiliger Gruppenarbeit jeweils die Bedeutung der Frauen für ihre Männer erarbeiten und dann in einem Tafelbild, das sie selbstständig entwickeln, gegenüberstellen.

Helene erscheint zunächst als unselbstständiges Anhängsel ihres Mannes, der sie wie eine Trophäe präsentiert (21). Doch im Verlauf der Novelle zeigt sich, dass ihre Bedeutung über die des jugendlichen Statussymbols weit hinausgeht. Ähnlich wie Sabine Helmut, so bewahrt sie ihren Mann Klaus vor der Isolation (140).

Sein menschliches und berufliches Scheitern überdeckt er mit zur Schau getragener Jugendlichkeit, wozu er die junge Helene braucht. Ständig muss sie ihm Liebesbestätigungen geben und ihm beweisen, dass „er nicht der letzte Dreck ist, sondern der Alleralleralleralltollste" (140).

Helenes besondere Bedeutung liegt aber darin, dass sie am Ende die Fassade ihres Mannes niederreißt und die ungeschminkte Wahrheit über ihr Zusammenleben offenbart. Folgende Aspekte können im Tafelbild festgehalten werden:

Helenes Bedeutung für Klaus

Helene

- ist für Klaus ein Statussymbol (21)
- vermittelt ihm Jugendlichkeit (19, 21)
- gibt ihm ständig Liebesbestätigung (z.B.: 46/47, 139)
- bewahrt ihn vor Isolation (140)
- rettet ihn vor dem „Untergang“ (140)
- entlarvt seine Lebenslüge (letztes Kapitel)

↓

Helene hat für Klaus existentielle Bedeutung.

5.3 ❐ Widerstand der Frauen gegen die Lebensentwürfe ihrer Männer

Nachdem die Schüler die Bedeutung der Frauenfiguren entwickelt haben, sollte abschließend erarbeitet werden, dass sie sich nicht widerspruchslos in ihre Rollen fügen, sondern aufbegehren und auch Veränderungen durchsetzen.

Dazu könnte folgender Impuls gegeben werden:

❐ *Finden sich die Frauen mit ihren von den Männern zugewiesenen Rollen ab oder sehen Sie Anzeichen für Widerstand?*

Im vorherigen Baustein wurde schon darauf hingewiesen, dass Sabine, obschon sie die Lebensgewohnheiten ihres Mannes weitgehend teilt, mit dessen Lebensstrategie nicht einverstanden ist. Sie spürt, dass sie allmählich ihre eigene Identität verliert und spricht dies Helmut gegenüber auch deutlich aus: „...ich verlerne alle anderen Sprachen der Welt außer der deinen, so!“ (102)

Im Verlauf der Novelle gibt es viele Hinweise darauf, dass Sabine mit dem Alltagstrott ihrer Ehe nicht mehr einverstanden ist und dagegen aufbegehrt. So zeigt sie an mehreren Stellen offen Bewunderung für Klaus Buch und dessen sportliches Verhalten, vor allem, als dieser das fliehende Pferd einfängt (90). Sie äußert Angst, sich in Klaus Buch zu verlieben (103) und droht Helmut, falls dieser sich weiter verweigert, sie wolle Klaus Buch fragen, ob er mit ihr schlafe (72). All das drückt Sabines Unzufriedenheit mit ihrer privaten Situation aus. Der Konflikt, auch der zwischen den Ehepartnern, spitzt sich zu. Am Ende hat sich die Beziehung der beiden verändert: Helmut geht auf Sabines Vorschlag ein statt nach Meran nach Montpellier zu fahren, und eine neue Kommunikationssituation ist entstanden. Helmut ist bereit Sabine seine Ansicht und seine Gedanken mitzuteilen, indem er die Geschichte noch einmal aus seiner Sicht erzählt. Damit eröffnet er die Möglichkeit zu einem gemeinsamen Gespräch.

Helene scheint die Lebensansichten ihres Mannes vollkommen zu teilen. In ihren sprachlichen Äußerungen ebenso wie in ihren Verhaltensweisen hat sie sich Klaus angeglichen. Aber nach dessen Unfall reißt Helene, von übermäßigem Alkoholgenuss enthemmt, die Fassade ihres Mannes nieder und rechnet mit ihm ab. Sie deckt schonungslos auf, dass ihr Mann als Journalist versagt hat (136), dass er das Gefühl hat nicht gebraucht zu werden (139) und dass sie selbst zu seinen Gunsten alles Eigene aufgeben musste.

Doch schon vor dieser „Beichte“ im letzten Kapitel gibt es Hinweise auf Helenes Widerstand. So setzt sie sich offen gegen Klaus' Hundephobie zur Wehr (76), nennt seine literarischen Veröffentlichungen Schwindel (46) und verurteilt seinen Formulierungszwang im Hinblick auf alles Erotische (98).

In einem Ausflugslokal während der Wanderung spielt Helene auf einem Klavier, was zu einem schweren Konflikt zwischen ihr und Klaus führt (81). Für den Leser und die Leserin wird allerdings erst vom Schluss her verständlich, dass Helene hier etwas gegen den ausdrücklichen Willen ihres Mannes tut, der sie vor die Wahl gestellt hat: „Entweder er oder die Musik!“ (141)

Ob sich die Beziehung zwischen Klaus und Helene am Ende verändert hat, bleibt offen. Als Klaus unerwartet zurückkommt, bricht sie ihre Abrechnung ab, sagt: „Mein Klaus, mein lieber, lieber Klaus“ (145) und geht widerspruchslos mit ihm: „Komm, Genie, tapfer gehen wir…“ (146).

Allerdings ist zu vermuten, dass Helene ebenso wie Sabine eine Wandlung vollzogen hat, an dessen Ende sie ihr Verhältnis zu Klaus neu definieren wird.

Die Ergebnisse der Analyse können in folgendem Tafelbild festgehalten werden:

Widerspruch gegen die Lebensentwürfe ihrer Männer?

Sabine	Helene
– äußert Angst vor Identitätsverlust (102) – möchte Helmut aus dem Trott herausreißen (39) – zeigt offen Bewunderung für Klaus (90) – befürchtet sich in Klaus zu verlieben (103) – droht mit Ehebruch (72)	– macht sich über Klaus' Hundephopie lustig (76) – entlarvt seine literarischen Veröffentlichungen als Schwindel (46) – verurteilt sein ständiges Reden über Sexualität (98) – spielt trotz des Verbotes Klavier (81)
↓	↓
zwingt Helmut zur Kommunikation über ihre gemeinsame Situation	entlarvt Klaus' Lebenslüge

Da der Ausgang der Novelle in Bezug auf Klaus und Helene relativ offen bleibt, kann es für die Schülerinnen und Schüler eine reizvolle Aufgabe sein, einen eigenen Schluss in Form eines Dialogs zu erfinden und unterschiedliche Möglichkeiten zu vergleichen.

❒ *Setzen Sie die Erzählung fort, indem Sie einen Dialog zwischen Klaus und Helene schreiben, wie er sich nach dem überstürzten Verlassen der Wohnung abgespielt haben könnte. Lassen Sie dabei deutlich werden, ob sich im Verhältnis der Ehepartner zueinander etwas geändert hat.*

Der erarbeitete Dialog kann anschließend in Form eines szenischen Spiels dargeboten werden.

Notizen:

Baustein 6

Verhältnis von Individuum und Gesellschaft

6.1 ❐ Krise der Lebensmitte

Mit diesem Baustein soll der Blick der Schüler stärker auf die Gesamtthematik der Novelle gelenkt werden. Walsers Hauptfiguren befinden sich in dieser Novelle in der so genannten Krise der Lebensmitte oder, um einen modernen Begriff zu gebrauchen, in der Midlife-Crisis.

Die Schüler sollten zunächst Informationen zu diesen Begriffen sammeln (z.B. in Psychologielexika), im Unterricht besprechen und Parallelen zur Novelle herstellen.

Sollten sich keine geeigneten Texte finden, lässt sich unter gleicher Zielsetzung der Artikel von Brigitta Kreß (s. S. 47) aus dem Buch „Was ist los mit den Männern?“ besprechen. Ein entsprechender Arbeitsauftrag könnte lauten:

❐ *Analysieren Sie den Textauszug und weisen Sie nach, inwiefern die getroffenen Aussagen auch auf die Hauptpersonen Helmut und Klaus zutreffen.*

Der vorliegende Textauszug beschreibt ziemlich exakt die Situation der Hauptfiguren. Beide Männer sind 46 Jahre alt, befinden sich also in den so genannten „mittleren Jahren“ und damit an einem Punkt, an dem man gemeinhin auf das bisherige Leben zurückblickt und kritisch Bilanz zieht. Wenn die eingeübten Abwehr- und Verdrängungsmechanismen – so Brigitta Kreß in ihrem Artikel – nicht mehr funktionieren, könne es dabei zu einer Identitätskrise kommen.

In genau dieser Krise befindet sich auch Helmut Halm. Aus Selbstschutz versucht er, die Erinnerung an seine Vergangenheit als Teil seiner Identität zu verdrängen (vgl. dazu auch Baustein 1.4). Um weiterer Verunsicherung zu entgehen, will er „incognito“ bleiben, sein Innerstes nicht preisgeben. Die Produktion von Schein wird zu seiner Überlebensstrategie. Mit dem Auftauchen Klaus Buchs wird diese Strategie gefährdet und Helmuts Identitätskrise spitzt sich zu.

Auch die Aussage von Brigitta Kreß, die psychische Verunsicherung schlage sich nicht selten in sexuellen Problemen nieder, trifft exakt auf Helmut zu. Wie an anderer Stelle schon beschrieben, reagiert Helmut auf sein mögliches sexuelles Versagen mit Rückzug und Verweigerung. Dass er demgegenüber nach außen das Prinzip der Luststeigerung und der sexuellen Fortschrittlichkeit vertritt, lässt sich mit den Worten von Brigitta Kreß damit erklären, dass die Frage nach dem Selbstwert auch eine Frage sexueller Leistungsfähigkeit ist (Z. 13).

Im letzten Abschnitt weist die Autorin auf eine Variante der „Krisenintervention“ hin, die sehr genau die Strategie Klaus Buchs widerspiegelt: Der „Aussteiger“ kreiert „eine neue synthetische Identität“ (Z. 26), indem er sich eine jüngere Frau zulegt, sich einem fanatischen Fitnesstraining unterzieht und möglichst gesund lebt. Der zwanghafte Aktionismus lässt ein Nachdenken über den Sinn seines Lebens nicht zu und so holt ihn schließlich „die Vergangenheit wieder ein“ (Z. 28). Brigitta Kreß weist noch darauf hin, dass die Midlife-Crisis als Identitätskrise der Pubertät vergleichbar sei. Klaus Buch zeigt in seiner sexualisierten Sprache und in verschiedenen Situationen – z.B. beim Einfangen des fliehenden Pferdes oder auf dem Segelboot – stark pubertäre Züge.

Beide Männer befinden sich also in einer schweren Identitätskrise, von der Psychologie als Midlife-Crisis oder Krise der Lebensmitte bezeichnet. Beide versuchen auf unterschiedliche Weise, doch mit wenig Erfolg, dieser psychischen Bedrohung zu entgehen: Helmut mit Verweigerung, Klaus mit übertriebener Leistungsbestätigung.

Notizen:

Die Krise in der Mitte des Lebens

Midlife-Crisis

Es gibt im Lebenszyklus aus biologischen und sozialen Gründen periodisch Krisenzeiten, die bei vielen Menschen ungefähr in der gleichen Altersspanne auftreten. Die mittleren Jahre des Mannes sind so eine bedrohliche Phase. (...)

Ähnlich wie die Pubertät ist die Midlife-Crisis eine Identitätskrise. Sie kann nur mit den Denkmustern und Lösungsstrategien angegangen werden, die sich in der Lebensgeschichte etabliert haben. Auf dem Prüfstand steht das eigene Ich, die Ich-Integrität und das Selbst. (...)

Aus dem Zustand der Nachdenklichkeit wird erst dann eine Krise, wenn die eingeübten Abwehr- und Verdrängungsmechanismen nicht mehr greifen. Nicht selten schlägt sich die psychische Verunsicherung auch in sexuellen Problemen nieder. Die Grundlage für diese enge Verbindung zwischen beruflicher und sexueller Potenz des Mannes wurde bereits in seiner Kindheit gelegt. Jede Frage nach dem Selbstwert ist für ihn auch eine Frage seiner sexuellen Leistungsfähigkeit, und bei einigen löst erst eine Potenzstörung den Impuls zur Selbstreflexion aus. Die wenigsten Männer haben jedoch während ihrer Erziehung gelernt, psychische Krisen zu be- und verarbeiten; auf Steuerprüfungen sind sie entschieden besser vorbereitet.

Zu einer besonders spektakulären ‚Krisenintervention' haben sich diejenigen Männer entschlossen, die den alten, selbstzerstörerischen Werten den Rücken kehren wollen, indem sie ‚aussteigen'...

(...) Oft scheint es jedoch so, als sei der eilig herbeigeführte Tapetenwechsel nur ein Ausweichen vor der arbeitsreichen und schmerzhaften Auseinandersetzung mit sich selbst und den Symptomen der Krise. Viele „Aussteiger" suchen den Grund für ihre Unzufriedenheit *allein* in den äußeren Bedingungen. Und so wechseln sie einfach den beruflichen, geografischen, politischen und sozialen Standort wie ein Hemd. Mit der alten zwanghaften Betriebsamkeit, die keine Muße und Besinnung zulässt, wird eine neue synthetische Identität kreiert und über die alte Biografie gestülpt. Bald danach holt einen die Vergangenheit wieder ein. (...)

Brigitta Kreß

6.2 ❐ Das Individuum vor dem Hintergrund der Leistungs- und Konsumgesellschaft

Die bisherigen Ausführungen legen nahe, dass es sich um eine psychologische Novelle handelt. Im Baustein 2, der sich mit dem Thema Sexualität befasst, wurde aber schon darauf hingewiesen, dass gesellschaftliche Bedingungen die individuelle Krise stark beeinflussen. Eine Einengung der Problematik auf die Midlife-Crisis der Protagonisten greift deshalb zu kurz. Es muss die Frage gestellt werden, wie stark die psychischen Leiden der männlichen Hauptfiguren ihre Ursachen im Gesellschaftssystem haben.

Einen Impuls in diese Richtung kann ein Auszug aus der Rezension von Reinhard Baumgart im Spiegel vom 27.02.1978 geben, der vorgelesen oder auf Folie präsentiert wird:

(...) „Indem er sich auf das scheinbar Allerprivateste einlässt, auf zwei ihm gleich nahe liegende Fluchtmöglichkeiten aus dieser Gesellschaft, kommt etwas ganz und gar Politisches zum Vorschein: ein soziales System, das keinen Lebenssinn mehr hergibt, das Halm nur noch als eine Produktion von Schein, das Buch als ein Universum des Schwindels erlebt. Mit keinem Satz redet die Geschichte zur Lage der Nation. Und doch enthält sie als ganzes unsere Lage. Als Geschichte zweier Opfer, die sich zu spät als solche erkennen. Solidarität also könnte das sein, was Walsers Kunststück provoziert, produziert." (...)
(Reinhard Baumgart. Der Spiegel v. 27.02.1978)

Baumgart behauptet hier, dass die Novelle, scheinbar Privates erzählend, in Wirklichkeit etwas sehr Politisches aufzeige, nämlich ein soziales System, das keinen Lebenssinn mehr hergebe. Das Gesellschaftssystem, in dem die Figuren der Novelle leben, sei also weitgehend von Entfremdung bestimmt.

Die Schüler sollten die Kernaussagen Baumgarts zunächst formulieren und dann auf ihre Stimmigkeit überprüfen. Ergänzende Informationen zur Entstehungszeit der Novelle (Sommer 1977) können durch den Lehrer oder ein gutes Schülerreferat gegeben werden.

Helmut Halm und Klaus Buch leben in der Leistungs- und Konsumgesellschaft der 70er Jahre, die hohe Erwartungen in sexueller, wirtschaftlicher und beruflicher Hinsicht stellt. Die Diskrepanz zwischen dem Leistungsvermögen und den vermeintlichen Anforderungen der Gesellschaft erzeugt bei den beiden Männern einen großen psychischen Druck, dem sie auf unterschiedliche Weise zu entfliehen versuchen. So gesehen sind sie, wie Baumgart sagt, auch Opfer der gesellschaftlichen Verhältnisse, in denen sie leben, ohne dies jedoch rechtzeitig zu erkennen.

Diese Verhältnisse in der zweiten Hälfte der 70er Jahre prägen Walsers Novelle, so zum Beispiel, wenn Helmut die Schattenseiten sexueller Freizügigkeit in den Medien spürt oder wenn Klaus und Sabine mit der Ökologiebewegung Geld verdienen, indem sie zu diesem Thema Bücher herausgeben.

Als Fazit kann festgehalten werden: Walsers Novelle ist nicht nur eine psychologische Studie zu den Themen Midlife-Crisis, Identitätssuche, Sexualität und Ehe, sondern vor allem auch ein Buch, das die Leistungs- und Konsumgesellschaft als Ursache der individuellen Krise aufzeigt und anprangert.

Dies könnte in folgendem Tafelbild festgehalten werden:

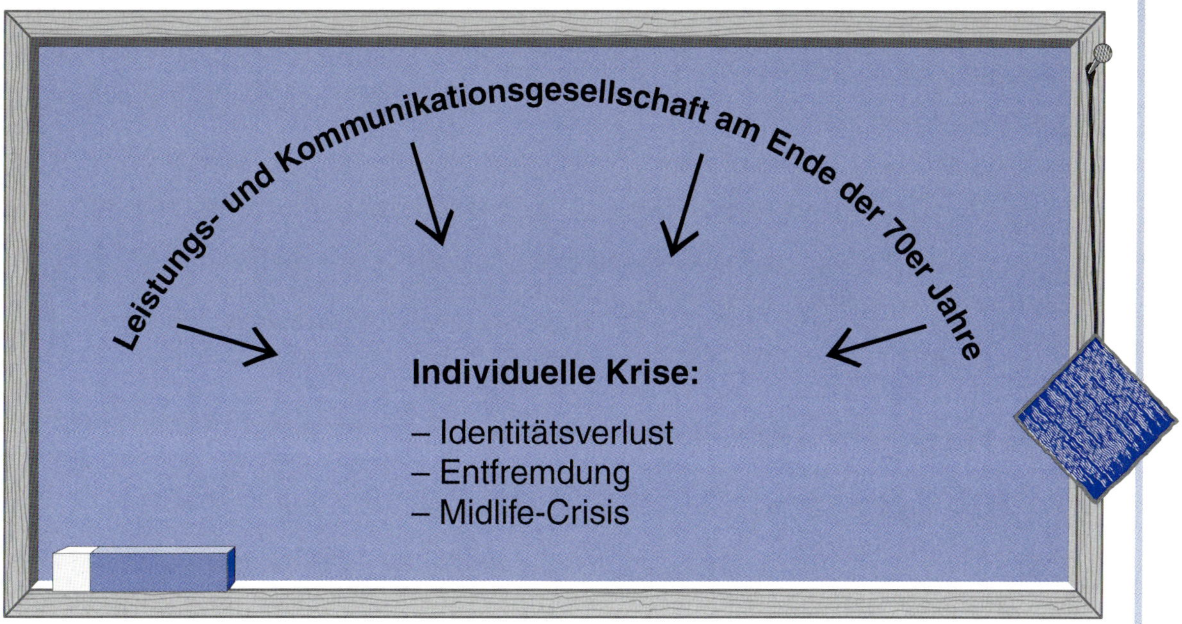

Abschließend sollten die Schüler darauf aufmerksam gemacht werden, dass die Lebensstrategien der beiden Männer auch als zwei widerstreitende Prinzipien in *einem* Individuum gedacht werden können. Walser selbst gibt darüber Auskunft in einem Interview, das den Schülern vorgelesen oder fotokopiert werden kann.

(...)
Walser: Also, ich war, als ich das Buch schrieb, der Meinung, ich vertrete mit meiner Spielfigur Helmut Halm einfach meine eigene Position gegenüber einer Reihe von Figuren, die ich in Wirklichkeit kenne und die ich zusammengefaßt habe zu der Figur Klaus Buch. Inzwischen hat mich jemand, der mich sehr gut kennt, darauf aufmerksam gemacht, noch in keinem Buch hätte ich meine beiden ... die ja jeder hat – also mindestens zwei so innere Kämpfer, diesen Zwiespalt ...
„Zwei Seelen wohnen, ach, in meiner Brust..."
Walser: Ja, genau. Also meine beiden Seelen hätte ich noch in keinem Buch so konsequent gegeneinander ins Spiel gebracht. Darüber habe ich nachgedacht und bin jetzt der Meinung, daß jemand dieses Buch lesen und sich sagen kann: Das sind zwei Haltungen, die in Wirklichkeit so existieren. Und wenn er eine gewisse Festigkeit hat, denkt er, er gehöre selbst zu einer dieser beiden Fronten. Andererseits habe ich immer wieder bemerkt, daß Leute, die in sich selber voller Angefochtenheit, Skrupel und Probleme sind, dieses Buch einfach auffassen, als zwei Seelen, zwei Prinzipien in einer Brust. (...)

(Martin Walser im Gespräch mit Hans-Joachim Schyle) (Der Autor stimmte der reformierten Rechtschreibung nicht zu.)

6.3 Philosophische Aspekte

Der Novelle ist ein Zitat aus Kierkegaards Schrift *Entweder – Oder* vorangestellt. Walser macht schon mit diesem Motto deutlich, dass in der Erzählung zwei gegensätzliche Lebensanschauungen gegenübergestellt werden. Der Kierkegaard-Aussage folgend gibt die Novelle aber keine Aufklärung darüber, welche der beiden die überzeugendere ist.

Für den Leser bleiben beide Lebensstrategien gleich fragwürdig, treiben sie doch ihre jeweiligen Exponenten in eine tiefe Krise.

Die Schülerinnen und Schüler sollten das vorangestellte Motto erarbeiten und auf die Novelle beziehen. Der Arbeitsauftrag dazu kann lauten:

❐ *Welche Parallelen sehen Sie zwischen dem vorangestellten Motto von Sören Kierkegaard und der Novelle?*

Im weiteren Verlauf der Novelle werden noch häufig Nietzsche und Kierkegaard erwähnt: Halm wird als jugendlicher Nietzsche-Leser bezeichnet und dafür von Buch ausdrücklich bewundert (23). Dann heißt es von Halm, er habe sich vorgenommen Kierkegaards Tagebücher zu lesen (10/11).

Für die Lernenden ist es ohne eine tiefere Kenntnis der Philosophie Nietzsches und Kierkegaards nicht ohne weiteres möglich, die von Walser angelegten Bezüge zu verstehen. Andererseits kann deren angemessene Aufarbeitung im Deutschunterricht weder angestrebt noch geleistet werden.

Dennoch sollte durch ein gutes Schüler- oder Lehrerreferat versucht werden, zumindest die biografischen Parallelen zwischen Halm und Kierkegaard aufzuzeigen:

Sören Kierkegaard wurde 1813 in Kopenhagen als siebtes Kind eines wohlhabenden Kaufmannes geboren. Die Mutter und fünf seiner Geschwister starben innerhalb weniger Jahre. Dominierende Gestalt in Kierkegaards Seelenleben blieb der Vater, der seine tiefe religiöse Verzweiflung und Angst auf den Sohn übertrug, so dass dieser später vom Verlust seiner Kindheit sprach.

Nach dem Tod des Vaters, 1833, begann Kierkegaard mit dem Studium der Theologie. 1855 starb er, im Alter von 42 Jahren und noch immer ohne bürgerlichen Beruf, auf dem Höhepunkt seines geistigen Schaffens.

Sein äußeres Leben benutzte Kierkegaard als Schutzschild und Maske, hinter dem das Eigentliche sich vollzog. Seine Werke erschienen fast ohne Ausnahme unter Pseudonymen, denn diese Form der Mitteilung schien ihm die einzig mögliche. Für ihn war, was sich anderen mitteilen lässt, nicht die eigentliche Wahrheit. Zentrale Themen seines Werkes waren für ihn die Angst bzw. die Verknüpfung von Angst und Sexualität. Angst entsteht seiner Meinung nach durch Aufgaben, die nicht mehr angemessen gelöst werden können.

Aspekte der Rezeption

Walsers Novelle *Ein fliehendes Pferd,* geschrieben im August 1977, erschien im Januar des darauffolgenden Jahres als Vorabdruck in der „Frankfurter Allgemeinen Zeitung“. Begleitet wurde der Vorabdruck von einer überaus positiven Kritik Marcel Reich-Ranickis, der von Walsers schönstem und bedeutendstem Buch sprach.
Die Novelle – möglicherweise auch das Lob Ranickis – löste im Anschluss daran eine Flut weiterer Rezensionen aus, die überwiegend positiv ausfielen.
Wenn sich die Schüler mit rezeptionsgeschichtlichen Aspekten der Novelle befassen, so muss aus der Vielzahl vorliegender Rezensionen zwangsläufig eine Auswahl getroffen werden.

Beginnen könnte man mit Reich-Ranickis Rezension in der FAZ vom 4.3.78. Der Rezensent war mit seiner positiven Kritik maßgeblich am Verkaufserfolg der Novelle beteiligt und ist zudem vielen Schülern durch seine pointierten, oft leidenschaftlich vorgetragenen Wertungen bekannt. Seine Rezension ist auch deswegen interessant, weil sie mit harscher Kritik an Walsers bisherigem Werk beginnt.

Dass es neben überwiegend lobenden Kritiken auch negative Anmerkungen gab, kann die Rezension von Sigrid Herzog aus der Neuen Rundschau vom 8.9.1978 verdeutlichen. Ihr bleibt unklar, wovon „die Herren Kollegen“ (gemeint sind die Kritiker) so hingerissen sind, und sie begründet dann, warum sie die Novelle zwar für gut hält, nicht aber für ein Meisterwerk.

Reizvoll ist es auch, zwei Rezensionen miteinander zu vergleichen, die sich in einem Punkt sehr konträr gegenüberstehen.
So hält Sibylle Maus (Stuttgarter Nachrichten vom 10.3.1978) die Frauen für wichtiger als die Männer. Sie seien die heimlichen Hauptpersonen der Novelle, die für sie „das eigentliche Emanzipationsbuch der Siebzigerjahre“ ist.
Benjamin Henrichs hingegen (DIE ZEIT vom 24.2.1978) spricht von einem Ungleichgewicht der vier Personen, seiner Meinung nach verblassen die Frauen zu Schatten. Über Helene werde kaum etwas mitgeteilt und Sabine werde lediglich in „einer seltsam wesenlosen Mütterlichkeit erkennbar“.

Die Schüler können die konträren Standpunkte der Rezensenten diskutieren und die eine oder andere Meinung durch Textbelege stützen.

Als handlungsorientierte Aufgabe bietet sich an, die Schüler eine eigene Rezension für eine (fiktive) Zeitung schreiben zu lassen. Dazu müssen die Kriterien einer gelungenen Rezension bekannt sein oder zuvor erarbeitet werden.

Martin Walsers Rückkehr zu sich selbst

(...) Nun ist nach vielen Jahren und Enttäuschungen, nach allerlei Irrwegen und Verstrickungen, die vielleicht notwendig waren – wer könnte darüber mit Sicherheit befinden? –, doch etwas herausgekommen. Nein, es ist kein gewaltiges Werk, sondern nicht mehr und nicht weniger als eine Novelle, und sie kann zumindest insofern keineswegs als Überraschung gelten, als sie mit Walsers vorangegangenen Romanen und Erzählungen sehr viel gemein hat: Wer wieder einmal von seiner Resignation oder Kapitulation reden wollte, wäre wohl im Recht.

Aber es gibt eine Resignation, die nicht von Schwäche zeugt, sondern von Einsicht und Reife. Und eben weil Walser in einem gewissen Sinne tatsächlich kapituliert hat, konnte es ihm gelingen, die oft beschworene Krise zu überwinden: Die Novelle „Ein fliehendes Pferd“ ist seine bescheidenste und überzeugendste Arbeit.

Worum geht es? Man könnte sagen: um die Selbstverwirklichung des Intellektuellen in der bundesdeutschen Gesellschaft, um seinen Versuch, sich ihrem Druck und Einfluss zu entziehen, um die Vereinsamung und Entfremdung des Individuums inmitten unseres Alltags, um sein Versagen und Scheitern. Doch sind das nur dürre Formeln, die überdies schon auf Walsers frühere Bücher zutrafen, zumal auf seinen Erstling, den Erzählband „Ein Flugzeug über dem Haus“ (1955).

(...) Er hat die Geschwätzigkeit überwunden und die Beredsamkeit wiedergewonnen. Selten wurde in der deutschen Literatur der Gegenwart die Alltagssprache der Intellektuellen so genau und so entlarvend eingefangen. Die Ökonomie, die einst Walsers schwächste Stelle war, bewährt sich auch in der Anwendung der charakterisierenden Details: Sie signalisieren das Milieu, das er darstellen will, ohne dem Erzähler zugleich (und das war in Walsers früheren Büchern oft der Fall) die Sicht auf eben dieses Milieu zu verbauen. Ähnliches gilt für seine Psychologie: Hatte er einst nur einzelne Beobachtungen und Nahaufnahmen zu bieten, die isoliert blieben und also keine Porträts ergaben, so gelingen ihm jetzt zwei Hauptfiguren von großer Überzeugungskraft, beide übrigens mit Humor und Mitleid gezeichnet.

Was bleibt am Ende? Walsers Liebe gilt dem von des Gedankens Blässe angekränkelten, dem kleinen Hamlet aus der bundesdeutschen Provinz, aber er spielt weder Halm gegen Buch noch Buch gegen Halm aus. Keiner siegt, beide sind sie im gleichen Maße Verlierer, eine Lösung wird nicht geboten. Die Novelle endet mit dem Satz, mit dem sie begonnen hat.

Und wer ist eigentlich an der Misere der beiden Intellektuellen schuld? Der Walser von gestern hätte geantwortet: die Gesellschaft oder gar der Monopolkapitalismus. Der Autor des „Fliehenden Pferdes“ hält sich, scheint es, an das immer noch beherzigenswerte Wort Ibsens: „Zu fragen bin ich da, nicht zu antworten.“ In diesem Sinne mag die Novelle von Bescheidenheit zeugen, vielleicht sogar von einer gewissen Resignation. In der harten Kritik der deutschen Intellektuellen verbirgt sich auch Walsers Selbstkritik. Um noch einmal Ibsen zu zitieren: Dichten heißt, Gerichtstag halten über sich selbst.“

Wie auch immer: Martin Walser hat offenbar nicht mehr den Ehrgeiz, mit der Dichtung die Welt zu verändern. Er will nur ein Stück dieser Welt zeigen. Mehr sollte man von der Literatur nicht verlangen.

(Marcel Reich-Ranicki)

Über den grünen Klee gelobt

(…) So allgemein der Jubel, so dünn fällt meistens seine Begründung aus. Wie machen die Herren Kollegen das bloß, derartig hingerissen zu sein? Ich kann nur vermuten, dass da bei ihnen ein akuter Nerv getroffen wurde, ein verbreitetes Unbehagen artikuliert, dass es also vorwiegend Gründe des thematisch-inhaltlichen Sich-Identifizierens waren, die ihre sonst so unbestechlichen Herzen höher schlagen ließen. Es muss an der Botschaft liegen, die da von Mann zu Mann herübergereicht wurde: Wie man seine Biografie auch gestaltet, als agiler Vitalitätsprotz oder sinnierender Intellektueller – in der Mitte des Lebens kommt die katzenjammervolle Krise, wo jeder sich für gescheitert hält, ausbrechen möchte wie das fliehende Pferd, und es eben bleiben lässt.

Als psychologische Studie ist das bezwingend gestaltet und in Form gebracht. Beachtlich wie die Geschichte sparsam auf neun Kapitelchen verteilt ist, deren jedes einen Zuwachs an Dynamik einbringt (Philologen sollten darauf achten, dass sieben Kapitel mit einer Zeitangabe beginnen). Die einzelnen Erzählungselemente sind schön zum Ganzen gerundet. Der letzte Satz biegt sich zum ersten zurück. Die klassische Forderung nach einem „Wendepunkt“ wurde genau erfüllt.

Ich will jetzt zu begründen versuchen, warum ich die Novelle für gut, aber nicht für ein Meisterwerk halte. Erstens: Die Episode der Zähmung des „fliehenden Pferdes“ bleibt unwahrscheinlich. Hier und an anderen Stellen wurde übersymbolisiert. Zweitens: Ich kann mir interessantere und wichtigere Themen vorstellen als das, worauf die Novelle im Kern zurückzuführen ist und was Reich-Ranicki so zusammenfasst: *„Es sind zwei unreife und bemitleidenswerte, dem Leben nicht gewachsene Intellektuelle … zur Selbstverwirklichung unfähige Individuen.“* Verallgemeinerungsfähige Erkenntnisse lassen sich aus der ganzen Sache jedenfalls nicht gewinnen. Es fehlt jegliche allgemeinere menschliche Dimension, auch der geringste Versuch einer Gewinnung von Transzendenz – um ein sehr breitschultriges Wort als Kürzel andeutungsweise zu verwenden, u.A. für die Möglichkeit, Gedankengänge nach vorne offen zu halten. Hier dagegen sind sie verstopft. Nichts bleibt fraglich, alles geht auf und wird konsequent zu Ende erklärt. Und dieser Tatbestand hängt eng zusammen mit einem dritten und letzten Einwand. Er gilt der formalen Vollendung des Ganzen. Es ist einfach zu schön, um wahr zu sein. Alles wurde handwerklich hervorragend geglättet und zu Ende verarbeitet. Fix und fertig. No lose ends. Genau genommen stört mich an der Novelle ihre Klassizität, die mir unzeitgemäß, zu einfach und eigentlich unerlaubt vorkommt. Geschlossene Systeme können wir uns, wenn wir ehrlich sind, heute nicht mal mehr als Kunststücke leisten. (...)

(Sigrid Herzog)

Die Frauen sind wichtiger als die Männer

(…) Wichtiger freilich als die Männer noch sind die ihnen zugeordneten Frauen; sie erweisen sich als die heimlichen Hauptpersonen der Novelle. Die eine, Sabine, lebt sich selbst, indem sie dem anderen seinen Rückzug lässt. Die andere, Helene, dominiert den scheinbar starken Partner, indem sie ihren weiblichen Willen aufgegeben hat, um ihn – und sich – durch ihre Bewunderung aufrechtzuhalten. „Ein fliehendes Pferd“ ist deshalb vor allem eine Geschichte von männlich/weiblichen Beziehungen: Seine eigentliche Mitteilung ist die Tatsache, wie sehr Männer, die im „gesellschaftlichen“ Sinne funktionieren, von weiblichem Zuspruch abhängig sind, beziehungsweise dass Männer nur dann, wenn sie die Bedingungen ihrer eigenen, der von ihnen selbst geschaffenen Konkurrenz- und Hierarchiewelt nicht einhalten, das Selbstbewusstsein von Frauen aushalten. Mithin ist Walsers Novelle das eigentliche Emanzipationsbuch der Siebzigerjahre, wenn ein Mann nach überstandenen Männerkämpfen und verweigerten weiteren zu seiner Frau sagen kann: „Du Angeschienene, du, …“

(Sibylle Maus)

Narziss wird fünfzig

(…) Störender als das fliehende Pferd, das nur ein paar Seiten lang durchs Buch galoppiert, ist das Ungleichgewicht der vier Figuren. Während die Leiden des alten H. auf nahezu jeder Seite beredsam zur Sprache gebracht werden, schrumpft der Rivale Klaus zur Spottfigur, verblassen die Frauen zu Schatten. Von Helene Buch, in die sich Helmut auf so angenehm untätige Weise verliebt, teilt die Novelle nicht viel mehr mit, als dass sie über *„neugierige Brüste“* verfügt – was immer das sein mag. Und Sabine, die Ehefrau, wird in allerhöchstens einer Eigenschaft, einer seltsam wesenlosen Mütterlichkeit, erkennbar. Im Schlusskapitel versucht Walser das alles wettzumachen, riskiert das Buch ein ziemlich fatales Lob auf die tapferen Frauen, die ihren kaputten Männern heroisch durchs Leben helfen. Sabine, die eine Erzählung lang fast Übersehene, wird plötzlich zur heimlichen Heldin der Novelle hinaufformuliert: *„Du Angeschienene, du, sagte er. Mit deiner Stärke, von der du nichts weißt. Aus den Jahren herausschauen wie aus Rosen, das sieht dir gleich.“*

Das sei eben, könnte man sagen, studienrätlicher Kitsch, also kritische Beschreibung der Figur. Ich zweifle, ob das richtig ist. Denn Helmut hat auf 150 Seiten vorher so wenig lehrerhaft-schwülstig, so walserhaft-bitter geredet und gedacht, dass dieser späte Schmus aus der Figur kaum zu erklären ist, nur aus einer Art Trostbedürfnis ihres Autors.

So blass, beinahe eigenschaftslos die beiden Frauen, so grell und effektvoll Helmuts Gegner und Hassobjekt, *„dieser Klaus Buch.“* (…)

(Benjamin Henrichs)

Martin Walser – Biografische Daten im Überblick

1927 am 24. März in Wasserburg/Bodensee geboren. Eltern betreiben dort eine Gaststätte

1938 Tod des Vaters

1938–1943 Besuch der Oberschule in Lindau

1944–1945 Arbeitsdienst; dann Militär (zuerst Flakhelfer, dann Gebirgsjäger); amerikanische Gefangenschaft

1946 Abitur in Lindau

1947–1948 Beginn des Studiums an der Theologisch-Philosophischen Hochschule in Regensburg; Studentenbühne

1948–1951 Studium (Literaturwissenschaft, Geschichte, Philosophie, Psychologie) in Tübingen; Studentenbühne; Promotion über Kafka bei Prof. Beißner

1949–1957 Wohnsitz in Stuttgart; Arbeit bei Radio Stuttgart/SDR als Reporter und Redakteur (verschiedene Ressorts); Reisen ins Ausland (Italien, Frankreich, England, Polen, CSSR); seit 1949 Artikel für Zeitungen, Zeitschriften, Rundfunk; Hörspiele und Erzählungen

1950 Heirat mit Käthe Neuner-Jehle

1952 Geburt der ersten Tochter Franziska

1953 Erster Auftritt bei der Gruppe 47

1955 Preis der Gruppe 47 (für die Erzählung „Templones Ende"); erste Buchveröffentlichung: *Ein Flugzeug über dem Haus und andere Erzählungen*

1957 Umzug nach Friedrichshafen/Bodensee; danach freier Schriftsteller; Geburt der Tochter Johanna; Krankheit und Gallenoperation; Hermann-Hesse-Preis für *Ehen in Philippsburg* (Roman)

1958 Erster USA-Auftritt (Harvard International Seminar)

1960 *Halbzeit* (erster Roman der Anselm-Kristlein-Trilogie); Geburt der Tochter Alissa

1961 Politisches Engagement; Herausgeber von *Die Alternative oder brauchen wir eine neue Regierung?*; Uraufführung des ersten Stückes, *Der Abstecher* (Kammerspiele, München); Mitglied des P.E.N. Clubs (BRD)

1962 Uraufführung von *Eiche und Angora* (Schiller Theater, Berlin); Gerhart-Hauptmann-Preis

1965 Schiller-Förderpreis; Krankheit (Kreislaufkollaps); erste Essaysammlung *Erfahrungen und Leseerfahrungen*

1966 *Das Einhorn* (Roman); Geburt der Tochter Theresia

1967 Bodensee-Preis der Stadt Überlingen; Uraufführung des Stückes *Die Zimmerschlacht* (Kammerspiele, München); Tod der Mutter

1968 Umzug nach Überlingen-Nußdorf/Bodensee; Mitglied der Akademie für Sprache und Dichtung, Darmstadt; *Heimatkunde* (Aufsätze und Reden)

1971 Filmförderpreis; Reise in die UdSSR

1972 Ehrendoktorwürde der Medizinischen Fakultät der Universität Ulm für *Die Gallistl'sche Krankheit;* Mitglied der IG Druck und Papier

1973 USA-Aufenthalt: Gastprofessor am Middlebury College (Vermont) und University of Texas (Austin); *Der Sturz* (Roman)

1975 Gastprofessor an der Warwick University (England); Mitglied der Akademie der Künste Berlin; Vorlesungen über *Ironie* in Essen; *Das Sauspiel* (Deutsches Schauspielhaus Hamburg)

1976 USA-Aufenthalt: Gastprofessor an der West Virginia University (Morgantown)

1977 Reise nach Japan

1978 *Ein fliehendes Pferd* (Novelle)

1979 *Wer ist ein Schriftsteller?* (Aufsätze und Reden); USA-Aufenthalt: Gastprofessor am Dartmouth College (New-Hamsphire); *Seelenarbeit* (Roman)

1980 Schiller-Gedächtnis-Preis: *Das Schwanenhaus* (Roman); *Vorlesungen über Ironie* (Frankfurter-Poetik-Vorlesungen); Heine-Plakette; Ausstellung zum Leben und Werk Walsers in der Stadt- und Universitätsbibliothek Frankfurt a. M.

1981 Georg-Büchner Preis; Mitherausgeber der Zeitschrift *Allmende*

1983 USA-Aufenthalt: Gastprofessor an der University of California (Berkeley); Ehrendoktorwürde der Universität Konstanz

1984 Ehrenbürger seiner Geburtsstadt Wasserburg/Bodensee

1985 *Brandung* (Roman); International Martin Walser Symposium (Morgantown, West Verginia, USA); *Meßmers Gedanken* (Prosa)

1987 Großes Bundesverdienstkreus; *Dorle und Wolf* (Novelle)

1988 „Über Deutschland reden“ (Rede in den Münchener Kammerspielen); *Über Deutschland reden* (Aufsätze und Reden); *Jagd* (Roman); DDR-Besuche

1990 Carl-Zuckmayer-Medaille; Ricarda-Huch-Preis; Großer Literaturpreis der Bayrischen Akademie der schönen Künste

1991 *Die Verteidigung der Kindheit* (Roman)

1992 *Das Sofa. Eine Farce* (Theaterstück – geschrieben 1961); Literaturpreis der Stadt Bad Wurzach

1993 *Ohne einander* (Roman); Heidelberger Poetik-Dozentur

1994 *Vormittag eines Schriftstellers* (Aufsätze und Reden); Dolf-Sternberger-Preis für öffentliche Rede; Franz-Nabl-Preis; Ehrendoktorwürde der Universität Dresden

1995 *Kaschmir in Parching* (Theaterstück)

1996 Friedrich-Hölderlin-Preis der Stadt Bad Homburg; *Finks Krieg* (Roman)

(Aus: Gerald A. Fetz: Martin Walser. J.B. Metzlersche Verlagsbuchhandlung und Carl Ernst Poeschel Verlag, Stuttgart 1997, S. 187–189)

Textquellen

13: Soziale Rolle. Aus: Microsoft Encarta Enzyklopädie 1993–1996, München: Microsoft Corporation.
16: Martin Walser, Ulrich Khuon: Ein fliehendes Pferd. Theaterstück. © Frankfurt/Main: Suhrkamp Verlag, 1985, S. 9–11.
24–25: Helge Daugs: Sex auf allen Kanälen. Aus: Schüler 1996. Liebe und Sexualität. Seelze: Erhard Friedrich Verlag, 1996, S. 12–13.
30: Nach: Schüler-Duden: Die Literatur, hgg. von der Redaktion für Literatur des Bibliografischen Instituts unter der Leitung von G. Kwiatkowski. Mannheim, 1980.
31: Martin Walser: Ein fliehendes Pferd. © Frankfurt/Main: Suhrkamp Verlag, 1978, S. 17–18.
33: Zit. nach: Edgar Neiss: Die Novelle. Hollfeld: C. Bange Verlag, 1980.
47: Brigitta Kreß: Midlife-Crisis. Aus: Heinz Bonorden (Hrg.): Was ist los mit den Männern? München: Verlag Biederstein, 1985, S. 124–127.
49: Martin Walser im Gespräch mit Hans-Joachim Schyle. In: Kölner Stadtanzeiger vom 19.4.1978.
52: Marcel Reich-Ranicki: Martin Walsers Rückkehr zu sich selbst. Frankfurter Allgemeine Zeitung vom 4.3.1978.
53: Sigrid Herzog: Über den grünen Klee gelobt. In: Neue Rundschau vom 8.9.1978
54: Sibylle Maus: Die Frauen sind wichtiger als die Männer. In: Stuttgarter Nachrichten vom 10.3.1978.
54: Benjamin Henrichs: Narziss wird fünfzig. In: Die ZEIT vom 24.2.1978.
55: Gerald A. Fetz: Martin Walser – Biografische Daten im Überblick. Aus: Martin Walser. © 1997, Metzlersche Verlagsbuchhandlung und Carl Ernst Poeschel Verlag, Stuttgart, S. 187–189.

Bildquellen

5: Umschlagbild zu Martin Walser: Ein fliehendes Pferd. Frankfurt/Main. Suhrkamp, 1978. Motiv: Aquarell von Alissa Walser.
55: dpa/Markus Beck.

EinFach Deutsch

Unterrichtsmodelle

Herausgegeben von Johannes Diekhans

Ausgewählte Titel der Reihe:

Unterrichtsmodelle – Klassen 5 – 7

Germanische und deutsche Sagen
91 S., DIN A4, kart. Best.-Nr. 022337

Otfried Preußler: Krabat
131 S., DIN A4, kart. Best.-Nr. 022331

Unterrichtsmodelle – Klassen 8 – 10

Gottfried Keller: Kleider machen Leute
64 S., DIN A4, geh. Best.-Nr. 022326

Das Tagebuch der Anne Frank
112 S., DIN A4, kart. Best.-Nr. 022272

Friedrich Schiller: Wilhelm Tell
90 S., DIN A4, geh. Best.-Nr. 022301

Unterrichtsmodelle – Gymnasiale Oberstufe

Barock
152 S., DIN A4, kart. Best.-Nr. 022418

Romantik
155 S., DIN A4, kart. Best.-Nr. 022382

Lyrik nach 1945
189 S., DIN A4, kart. Best.-Nr. 022379

Bertolt Brecht: Leben des Galilei
112 S., DIN A4, kart. Best.-Nr. 022286

Georg Büchner: Dantons Tod
143 S., DIN A4, kart. Best.-Nr. 022369

Georg Büchner: Woyzeck
115 S., DIN A4, kart. Best.-Nr. 022313

Friedrich Dürrenmatt: Der Besuch der alten Dame
124 S., DIN A4, kart. Best.-Nr. 022417

Friedrich Dürrenmatt: Die Physiker
102 S., DIN A4, kart. Best.-Nr. 022407

Theodor Fontane: Effi Briest
140 S., DIN A4, kart. Best.-Nr. 022409

Theodor Fontane: Irrungen, Wirrungen
89 S., DIN A4, kart. Best.-Nr. 022388

Max Frisch: Homo faber
88 S., DIN A4, geh. Best.-Nr. 022315

Johann Wolfgang von Goethe: Faust I
145 S., DIN A4, kart. Best.-Nr. 022277

Johann Wolfgang von Goethe: Die Leiden des jungen Werthers
128 S., DIN A4, kart. Best.-Nr. 022365

Gerhart Hauptmann: Die Ratten
122 S., DIN A4, kart. Best.-Nr. 022427

E.T.A. Hoffmann: Der Sandmann
123 S., DIN A4, kart. Best.-Nr. 022357

Franz Kafka: Erzählungen
ca. 128 S., DIN A4, kart. Best.-Nr. 022422

Franz Kafka: Der Prozess
143 S., DIN A4, kart. Best.-Nr. 022363

Heinrich von Kleist: Michael Kohlhaas
100 S., DIN A4, kart. Best.-Nr. 022349

Gotthold Ephraim Lessing: Emilia Galotti
141 S., DIN A4, kart. Best.-Nr. 022279

Robert Musil: Die Verwirrungen des Zöglings Törleß
153 S., DIN A4, kart. Best.-Nr. 022400

Friedrich Schiller: Don Carlos
182 S., DIN A4, kart. Best.-Nr. 022420

Friedrich Schiller: Die Räuber und andere Räubergeschichten
134 S., DIN A4, kart. Best.-Nr. 022343

Christa Wolf: Kassandra
109 S., DIN A4, kart. Best.-Nr. 022393

Schöningh Verlag
Postfach 2540
33055 Paderborn

Schöningh

Fordern Sie unseren Prospekt zur kompletten Reihe an:
Informationen 0800 / 18 18 787 (freecall)
info@schoeningh.de / www.schoeningh-schulbuch.de